Stefanie Flamm
Monika Dietrich-Bartkiewicz

Neulich im Beet

Alles dauert ewig, und die Hälfte misslingt.
Aber es gibt nichts Schöneres als Gärtnern.

Besuchen Sie uns im Internet:
www.knaur.de

Aus Verantwortung für die Umwelt hat sich die Verlagsgruppe
Droemer Knaur zu einer nachhaltigen Buchproduktion verpflichtet.
Der bewusste Umgang mit unseren Ressourcen,
der Schutz unseres Klimas und der Natur gehören
zu unseren obersten Unternehmenszielen.
Gemeinsam mit unseren Partnern und Lieferanten setzen wir uns
für eine klimaneutrale Buchproduktion ein, die den Erwerb von
Klimazertifikaten zur Kompensation des CO_2-Ausstoßes einschließt.
Weitere Informationen finden Sie unter: www.klimaneutralerverlag.de

Originalausgabe März 2022
© Zeitverlag Gerd Bucerius GmbH & Co. KG
© 2022 Knaur Verlag
Ein Imprint der Verlagsgruppe
Droemer Knaur GmbH & Co. KG, München
Alle Rechte vorbehalten. Das Werk darf – auch teilweise – nur mit
Genehmigung des Verlags wiedergegeben werden.
Covergestaltung: ZERO Werbeagentur, München
Illustrationen auf dem Cover und
im Innenteil von Monika Dietrich-Bartkiewicz
Satz: Adobe InDesign im Verlag
Druck und Bindung: Firmengruppe APPL,
aprinta druck GmbH, Wemding
ISBN 978-3-426-28612-8

2   4   5   3   1

Inhalt

Vorwort

Am Anfang war das Mäusegrab. Es umfasst 20 mal 20 Zentimeter, hat eine hübsche Einfassung aus Kieselsteinen, ein kleines Holzkreuz und ist mit ein paar merkwürdig fleischigen Sukkulenten bepflanzt. Die Kinder haben es vor vielen Jahren angelegt, um der ersten toten Maus, die sie auf unserem Grundstück gefunden hatten, die letzte Ehre zu erweisen. Auch die zweite tote Maus und ein erfrorenes Goldhähnchen wurden ähnlich ambitioniert bestattet. Danach haben die Kinder die Begräbnisfeierlichkeiten zum Glück eingestellt. Sonst hätten wir heute keinen Garten, sondern einen Friedhof.

Es wird ja viel gestorben auf dem Land. Die Vogel frisst den Wurm, der Marder frisst den Vogel und wenn's dann auch den Marder erwischt, kommen die Ameisen und irgendwann liegt da nur noch ein sauber abgenagtes Skelett. Die halben Ringelnattern und zerstückelten Echsen, die die Kraniche im Herbst zurücklassen, wenn sie sich Anfang Herbst auf ihre große Reise machen, harke ich inzwischen einfach auf den Kompost. Am Ende wird ja alles Dünger und den kann man gut brauchen, vor allem in einer Gegend wie der Uckermark, die von Natur aus nicht viel fruchtbarer ist als die kasachische Steppe.

Das erzähle ich nicht, um Ihnen mit meinen Worten noch mal zu sagen, was Sie wahrscheinlich längst wissen, nämlich dass im Garten das Werden und Vergehen recht nah beieinander liegen, weshalb man hier lernt, der Vergänglichkeit mit heiterer Abgebrühtheit zu begegnen. Ich erzähle es vor allem, weil die winzigen Kleintiergräber in den ersten Jahren die einzigen Stellen waren, die bei uns so etwas wie gärtnerische Ambition erkennen ließen. Ich hatte zwar sehr lange und phasenweise auch sehr verzweifelt nach diesem Stück Land gesucht, doch als ich es dann endlich gefunden hatte, war ich erst mal überwältigt von der Aufgabe, die ich mir da aufgehalst hatte.

Man kann einen Garten nicht bepflanzen wie einen Balkon: Blumen rein und immer schön gießen. Es reicht auch nicht, alle paar Wochen vorbeizukommen, um zu schauen, was da so wächst. Dann wächst nämlich nur, was man nicht will, davon aber ziemlich viel. Man braucht also einen Plan oder besser gesagt, viele Pläne, denn die ersten basieren in der Regel auf falschen Vorstellungen. Englische Landschaftsgärten sind toll, brauchen aber leider englisches Wetter. Mediterrane Träume sind in der Regel nach dem ersten harten Winter ausgeträumt.

Auch die Vorstellung, hier draußen erwarte einen die große Freiheit, gehört in die Kategorie weit verbreitetes Missverständnis. Letztlich ist hier draußen alles noch viel komplizierter als in der großen Stadt. Dort hängt zwar auch alles mit allem zusammen, aber wir haben uns das Leben, Stichwort Arbeitsteilung, so eingerichtet, dass man das nicht so merkt. Im Garten ist man sofort verloren, wenn man nur macht, was man gut kann oder gerne tut. Wer Blumen setzen will, muss dafür sorgen, dass der Boden stimmt, ein Kräuterbeet braucht einen anderen Boden als ein Blumenbeet. Auch die Himmelsrichtung, der Sonneneinfall, die Regenmenge: all das gilt es zu beachten. So viele Experten kann man gar nicht kommen lassen.

Mach dir die Erde untertan? Ich kenne viele Gärtnerinnen und Gärtner, die sich als die Gebieter ihres Gartens betrachten. Doch in Wahrheit ist ja überhaupt nicht klar, wer hier die Untertanin ist. Man verteidigt, bisweilen bis unter die Zähne bewaffnet, die von einem selbst geschaffene Ordnung gegen die Natur und kann doch nur machen, was sie einem gestattet. Kein Rhododendron gedeiht im Kalk, kein Himbeerstrauch im Vollschatten. Dort, wo vor Kurzem mal ein Nadelbaum stand, ist die Erde in der Regel so sauer, dass sich außer Heidelbeeren nur wenige Pflanzen wohlfühlen.

Auch Zeit ist eine irritierende Dimension: Will ich im Frühjahr Krokusse sehen, muss ich sie im Herbst setzen, will ich in zehn Jahren unter einem Apfelbaum sitzen, sollte ich ihn längst gepflanzt haben. Ob er sich so entwickelt, wie ich mir das vorstelle, hängt auch an einem günstigen Standort von vielen Dingen ab, die ich nicht beeinflussen kann. Eine Krankheit kann ihn dahin raffen, ein aggressiver Schädling kann ihn befallen. Und dann fängt man wieder von vorne an.

»Ever failed. No matter. Try again. Fail again. Fail better«, lautet ein Diktum, das dem frühen Samuel Beckett zugeschrieben wird. Im ungekürzten Originaltext klingt es ein bisschen komplizierter und lange nicht so zupackend, wie ich es oft interpretiert wird. Sagen wir es also so: Mit den Jahren lernt man, die schlimmsten Fehler zu vermeiden, aber man sollte im Garten nie davon ausgehen, dass man alles richtig gemacht hat. Und aus Erkenntnis, dass man die Dinge hier nicht vollständig im Griff haben muss, weil man sie gar nicht vollständig im Griff haben kann, erwächst eine große Freiheit und ein großes Glück.

Auch darum geht es in diesem Buch.

Rhododendron

Im Garten passieren manchmal merkwürdige Dinge. Ein Baum, der sich jahrelang tot stellte, schlägt plötzlich wieder aus. Oder eine schier unverwüstlich wirkende Staude vergeht sang- und klanglos – und man weiß nicht, warum. Einen Garten zu haben heißt, mit vielen Unbekannten zu rechnen. Selbst die eigenen Vorlieben und Abneigungen sind ziemlich volatil. Ich zum Beispiel bin gerade dabei, mir Rhododendren schönzugucken, obwohl ich diese Pflanzen lange gering geschätzt habe.

Wenn sie blühten, waren sie mir zu bunt; wenn sie nicht blühten, also etwa elf Monate pro Jahr, missfielen mir ihre dunklen, ledrigen Blätter und der ausladende Gestus, mit dem sie im Garten herumstehen. Ich weiß von Gärtnern – kein generisches Maskulinum, es sind wirklich immer Männer! –, die glauben, ohne eine gewisse Anzahl dieser selbstbewussten Gewächse fehle einem Garten Rückgrat, aber das hat mir nie eingeleuchtet. Denn wem gab der Rhododendron Halt, wirklich dem Garten oder eher dem Gärtner, der eine Pflanze hätschelte, die alle Welt als teuer und heikel kennt?

Ich hielt es jedenfalls eher mit der Schriftstellerin und Gartengestalterin Vita Sackville- West, die ihre raumgreifenden Rhododendren mit den zu ihrer Zeit noch »dicken Bankern« in der Londoner Innenstadt verglichen haben soll. Ich wäre bis vor Kurzem noch weiter gegangen und hätte behauptet, Rhododendren führen sich auf wie eine Großbank vor dem Crash: too big to fail. Ständig drohen sie: Gib mir Wasser! Gib mir Schatten! Gib mir einen Boden, dessen pH-Wert exakt 4,4 beträgt! Sonst mach ich mich vom Acker.

Sollten Sie mich diesen Sommer dennoch dabei erwischen, wie ich meine Kinder an heißen Tagen zwinge, abends mit einer Wasserspritze das hitzeempfindliche Grün eines leicht apricotfarben blühenden Rhododendrons der Sorte Soir de Paris zu benetzen, möchte ich hier zu Protokoll geben: Sie machen es nicht für mich, sie machen es für all die Vögel, die uns im vergangenen Winter ans Herz gewachsen sind. Und es ist auch nur ein Versuch. Das muss ich wohl erklären.

Die Vorbesitzer unseres Hauses hatten die Angewohnheit, ihre Christbäume im Januar in den Garten zu pflanzen, am liebsten direkt vor die Fenster, und als dort kein Platz mehr war, fanden sie andere für schnell wachsende Nadelgehölze denkbar ungeeignete Orte. Die meisten dieser Bäume haben wir nach und nach gefällt und der Kirche und dem Dorfgasthof als Weihnachtsbäume geschenkt. Nur die letzten beiden, wirklich ausnehmend scheußlichen, in den unteren Metern weitgehend kahlen Exemplare wollte keiner haben. Wir hatten schon beschlossen, sie zu Brennholz zu machen, als im vergangenen Januar plötzlich eine Drossel in ihrem Geäst auftauchte. In Erwartung eines milden Winters hatte sie sich nicht auf den Weg nach Süden gemacht. Kurz danach entdeckten wir eine Amsel, wenig später kamen noch ein halbes Dutzend Blaumeisen und ein kleiner Schwarm Sperlinge dazu.

Vögelgucken war fortan unsere Corona-Meditation, die uns zu der schmerzlichen Einsicht führte, dass in diesen beiden eigentlich für die Kettensäge bestimmten Bäumen mehr Tiere leben als in allen Vogelnährgehölzen, die wir in den vergangenen Jahren gepflanzt haben. Wir können sie nicht mehr fällen, ohne ein mittelschweres Artenschutzdelikt zu begehen. Wir wollen aber auch nicht länger auf ihre kahlen Stämme schauen. Also muss davor irgendwas wachsen. Warum also keine Rhododendren? Vor den Fichten ist es feucht und schattig, und der Boden ist wegen der vielen Fichtennadeln hinreichend sauer.

Stimmt alles, sagen sie in einem Hamburger Gartenfachbetrieb, den ich konsultiere. Doch leider seien Fichten Flachwurzler, wie Rhododendren, weshalb sich ihre Wurzeln schnell in die Quere kämen. »Warum hauen Sie die Fichten nicht einfach um?« Ich erkläre die Lage, woraufhin der Fachmann sich zu einem gequälten »Okay« durchringt. »Dann machen Sie bitte alles genau so, wie ich es Ihnen jetzt sage«: Ein Pflanzloch ausheben, das viermal (vier Mal!!) so breit und viermal so tief ist wie der Wurzelballen. Die verbrauchte Erde durch frischen Humus ersetzen, den pH-Wert messen und, wenn er zu hoch ist, Tannennadeln oder Kompost aus Buchenblättern dazugeben. In den ersten Monaten nach der Pflanzung täglich mäßig gießen.

Und das ist erst der Anfang. Ich sehe mich schon, wie ich meine Sommernächte in irgendwelchen Rhododendren-Foren verbringe: Wie soll ich sie düngen, organisch oder, furchtbarer Gedanke, doch mit Chemie? Womit darf ich gießen, nur mit Regenwasser, oder geht auch das aus der Leitung, obwohl das in unserer Gegend schon ziemlich kalkhaltig ist? Muss vielleicht irgendwann ein Vlies über den empfindlichen Wurzelbereich? Oder reicht Mulch? Doch was soll ich tun? Ich habe halt nicht nur einen Vogel, sondern gleich mehrere und deshalb gerade nicht die Wahl.

Was jetzt dran ist

Im April Tomaten auf der Fensterbank, Buschbohnen und Rote Bete im Freiland aussäen. Löwenzahn ausstechen, solange er noch klein ist.

Löwenzahn

Ich hatte gerade im nachösterlichen Schneeregen eine halbe Schubkarre Babylöwenzahn mit einem alten Schraubenzieher aus dem Boden gehebelt, als mich die Chefin fragte, warum um Himmels willen ich in der letzten Kolumne dazu geraten hätte, Löwenzahn auszustechen. »Muss man das wirklich machen?« Es war nicht der Moment für eine ausführliche Antwort. Jetzt aber: muss man nicht. Man kann all die kleinen und größeren Rosetten, die sich in diesen Tagen im Gras, unter den Bäumen, an den Beeträndern, zwischen Pflastersteinen und in Mauerritzen zeigen, vollumfänglich begrüßen und sich freuen, dass die noch von wild gezackten Blättern eingehegten Knospen schon ganz bald in einem Gelb erblühen werden, das es so intensiv in der Natur nur selten gibt. Man kann sich dann in der Naturgarten-Literatur darüber informieren, was für ein Zauberkraut sich da ohne das eigene Zutun angesiedelt hat. So viel Vitamin A und C! So viel Magnesium und Eisen! Nur Rasenspießer wissen nicht, was für tolle Sachen man daraus machen kann.

Die jungen Blätter ergeben einen feinen, angenehm bitteren Salat und zusammen mit Spinat ein köstliches Pesto. (Kann ich bestätigen.) Die Knospen lassen sich als mitteleuropäischer Kapernersatz einwecken. (Kann ich nicht bestätigen, glaub ich aber gerne.) Manche kochen aus den Blüten einen nahrhaften Sirup, andere aus den Blättern einen reinigenden Tee. Aus Wurzeln, getrocknet und gemahlen, soll man einen gesunden, die Verdauung fördernden Kaffee-Ersatz gewinnen können.

Nein, Löwenzahn ist kein Unkraut. Er benimmt sich bloß so. Denn wenn die gelbe Herrlichkeit verwelkt ist, geht's richtig los. Jede einzelne Blüte produziert um die 300 dieser kleinen Fallschirmsamen, die ab Juni durch die Luft getragen werden und sich meist im Umkreis von ein paar Hundert Metern wieder niederlassen. Biologen kennen den Gemeinen Löwenzahn (Taraxacum officiale) als »Zeigerpflanze«, deren Vorkommen auf einen stickstoffreichen Boden hindeutet. Vor allem überdüngte Viehweiden sind voll davon. Er kommt aber auch mit jedem anderen Boden klar. Mit seinen langen Pfahlwurzeln gelingt es ihm, sich Nährstoffe auch aus den tieferen Bodenschichten zu holen. Im Beet kann das praktisch sein, da kann man sich ein bisschen Löwenzahn als Düngepflanze halten. Auf der Wiese ist er ein Problem, dem man ins Auge sehen sollte, auch wenn man immer wieder beeindruckt ist von der Robustheit dieser Pflanze. Löwenzahn verliert auch in heißen, trockenen Sommern nicht die Farbe, er grünt noch, wenn der Rest der Wiese zu einer gelbbraunen Steppe verdorrt ist, denn Löwenzahn kommt immer an Wasser.

Wo Löwenzahn wächst, leide die Vielfalt, sagt auch Jörg Ewald, Botaniker an der Hochschule Weihenstephan-Triesdorf. Als guter Nährstoffverwerter, der er nun mal sei, verdränge er Blumen und Wildkräuter von Weiden und Wiesen, bisweilen sogar das Gras. Man muss kein Rasenspießer sein, um das verhindern zu wollen. In Fachforen tauschen sich verzweifelte Landwirte darüber aus, wie man dieser Plage Herr wird. Alle paar Jahre die Weide komplett umzupflügen scheint eine gängige, aber nur halbwegs erfolgreiche Maßnahme zu sein. Ich pflüge nichts um, grundsätzlich nicht. Ich lasse das Bodenleben, so gut es geht, in Ruhe und hole bloß raus, was ich nicht haben will. Beim Löwenzahn heißt das: die ganze Wurzel bis aufs letzte Fitzelchen, sonst wächst er wieder. Für größere Pflanzen nimmt man am besten einen Ampferstecher, nur so kommen die oft armlangen Wurzeln komplett aus dem Boden.

Die Idee, dass in meinem Garten irgendwas von selbst ins Gleichgewicht kommt, habe ich rechtzeitig begraben. Meine Wiese war vor Jahrzehnten ein Acker, dann eine Kuhweide, schließlich ein auf die ortsübliche Länge heruntergemähtes Irgendwas. Sie ist post Landwirtschaft und prä blühende Landschaft. Aber es wird Jahr für Jahr ein bisschen mehr. In die Narben, die der ausgestochene Löwenzahn (und der Sauerampfer, aber das ist ein eigenes Thema) hinterlässt, setze ich im Herbst Krokusknollen. Im Frühjahr säe ich Wiesenblumen aus einer für die Gegend eigens zusammengestellten Mischung. Mit Sand mischen und gut antreten. Mehr muss man eigentlich nicht tun. Natürlich kommen nicht alle der bis zu 60 versprochenen Wiesenblumen, und manche verschwinden nach dem ersten Jahr auch wieder. Aber einige bleiben: zartviolette Flockenblumen, wilde Margeriten, Schafgarbe, Klatschmohn und Wegwarte. Ums Haus herum habe ich noch ein paar Kornblumen dazugesät. Streng genommen sind das keine Wiesen-, sondern Ackerblumen. Man kann sie sogar essen. Sie schmecken zwar nach nichts, sehen aber toll aus.

Was jetzt dran ist

Jetzt können die Saatkartoffeln langsam in die Erde. Zucchini und Kürbis auf der Fensterbank aussäen. Stauden pflanzen oder verjüngen.

Morning Glory

Ich hatte mich wochenlang darüber gewundert, was für merkwürdige Dinge mir meine Suchmaschine anbot, als vergangenes Frühjahr endlich das Päckchen mit den Morning-Glory-Samen ankam. »Whatever the need, we have the seed«, stand da drauf, und langsam wurde mir einiges klar. Wer große Mengen dieser Samen kauft, kauft oft auch halluzinogene Pilze, Schlafmohnsamen, Cannabispflanzen und den ganzen Krempel, den man für den Konsum dieser Substanzen braucht. Denn, so lese ich jetzt in entsprechenden Internetforen, auf nüchternen Magen ordentlich zerkaut, entfalten die in den Samen enthaltenen Alkaloide eine ähnliche Wirkung wie LSD.

In Mexiko, wo Morning Glory heimisch ist, brauten Maya und Azteken daraus einen Trank, der es ihnen angeblich ermöglichte, im Rausch mit den Geistern der Vergangenheit in Kontakt zu treten, was den spanischen Eroberern gar nicht gefiel. Sie verboten den Kult, verbreiteten die Früchte dieser Pflanze aber in der ganzen Welt.

Ich habe sie zum ersten Mal im östlichen Sussex am ehemaligen Sommersitz von Virginia und Leonard Woolf gesehen. Es war schon fast Oktober, und es regnete, wie es nur in England regnet. Die engen Straßen waren reißende Flüsse, auf denen man mehr schwamm als fuhr, und, Himmel, dann auch noch Linksverkehr. Gut möglich, dass die schweiß-treibende Anreise mich gegen Monk's House ein-nahm. Ich fand es jedenfalls furchtbar. Eine düstere Dichterklause, deren aquariumgrün gestrichene Gesellschaftsräume zu allem Überfluss auch noch im Souterrain lagen. Doch stieg man die halbe Trep-pe hoch in den Garten, stand man im Offenen. Der Blick ging über eine Apfelbaumwiese bis auf die vor Feuchtigkeit dampfenden South Downs. Mein Blick aber versank schon in einem Meer aus schwarz-blauen, tütenförmigen Blüten an der Hauswand. Was waren das denn für abgefahrene Wicken?

Keine Wicken, sagte die Gärtnerin des National Trust, sondern eine Winde, deren Blüten sich bereits in den frühen Morgenstunden öffneten und schon am späteren Nachmittag dahin seien. Daher der Name. In Deutschland wird Morning Glory als Kaiser- oder Prunkwinde verkauft, es gibt sie in zahllosen Schattierungen. Besonders geläufig sind die etwas hellere Ipomoea tricolor und die kleine dunkle, auch Schwarze Witwe genannt. Weil ich mir nicht sicher war, welche der beiden mich damals in England so beeindruckt hat, hatte ich beide bestellt, insgesamt 400 Samen. Denn ich ahnte, dass sie es einem nicht so leicht machen würden, wie mitunter geschrieben wird.

Mit den gemeinen Wicken, die man einmal aussät und die dann von allein immer wiederkommen, sind Prunkwinden nicht einmal weitläufig verwandt. Sie besitzen nicht die unordentlich gerüschten Blüten der Schmetterlingsblütler, sondern elegante symmetrische Trichter, die bei der Schwarzen Witwe oft ins Violette changieren. Und sie bilden auch keine Ranken aus, mit denen sie sich an ihren Stützen festhalten. Morning Glory schlingt sich mit ihrem gesamten Hauptspross um ein Rankgerüst oder eine benachbarte Pflanze. Wenn man so will, ist sie die glamouröse zentralamerikanische Schwester unserer Ackerwinde, die die unangenehme Eigenschaft hat, sich immer und überall dazwischenzuschlängeln. Auch wenn man die zartrosafarbenen Blüten der Ackerwinde ganz hübsch findet, sollte man dieses Unkraut nicht gewähren lassen, sonst hat es Ende des Sommers sämtliche Gewächse in seiner Nähe erwürgt.

Ich habe gehört, dass Prunkwinden in tropischen Gefilden ähnliches Unheil anrichten. In unseren Breiten besteht diese Gefahr nicht. Da sind sie nicht einmal winterhart und auch sonst eher zimperlich. In Brandenburg beispielsweise ist es ihnen bis Ende Mai zu kalt und ab Anfang Juli schon zu trocken. So ist mir im vergangenen Jahr die erste Aussaat erfroren und die zweite verdorrt. Genau drei Pflanzen haben es geschafft. Viel Sonne allein hilft leider nicht. Der Boden muss stimmen, also nährstoffreich und dauerhaft feucht sein. Und nach der *right plant-, right place*-Lehre würde ich es lassen. Aber ich hätte an meiner märkischen Bruchbude schon wahnsinnig gerne so eine verwegene Blütenwand wie Virginia Woolf. Deshalb bleiben die vor ein paar Wochen ausgesäten Morning-Glory-Pflänzchen mit den Tomaten auf der Fensterbank und kommen erst Anfang Juni ins Staudenbeet, wo der Boden dieses Jahr schon viel besser ist (Massen an Kompost und Mulch). Läuft alles nach Plan, verdeckt ab Juli ein schwarzblaues Blütenmeer den blöden grauen Kratzputz, den wir schon seit Jahren abklopfen wollen. Und die Samen? Im Oktober absammeln, trocknen und im kommenden Jahr wieder aussäen. So macht's ja auch die pensionierte Steuerfachwirtin ein paar Häuser weiter, in deren Garten ich vergangenen Sommer eine beneidenswerte Menge Morning Glory entdeckt habe. Davon gehe ich jedenfalls aus.

Was jetzt dran ist

Im Mai Feuerbohnen, Mangold und Kohl aussäen, auch mal Cime di Rapa, apulischen Stängelkohl, probieren.

Frauenmantel

Den Gartenteich meiner Eltern habe ich lange nicht besonders gemocht. Er war der Ort, an dem die Goldfische starben. An heißen Tagen trieben ihre Kadaver an der Oberfläche, Todesursache: Überhitzung und Sauerstoffmangel. In kalten Wintern steckten sie erfroren in einer dicken Eisschicht. Ich habe mir oft vorgestellt, dass der britische Künstler Damien Hirst, der in den Neunzigerjahren mit einem in Formaldehyd eingelegten Tigerhai reich und berühmt wurde, als Kind auch mal versucht hat, eine Fischleiche aus einem eingefrorenen Gartenteich zu hacken – und dann eine lukrative Art gefunden hat, sein Trauma aufzuarbeiten.

Ich habe irgendwann einfach weggeguckt. Und als ich viele Jahre später wieder hinsah, war der Gartenteich meiner Eltern versandet und vom Schilf durchwuchert. Mein Vater, der sich im Alter von einem konservativen Knochen in einen engagierten Naturschützer verwandelt hat, spricht nun stolz von seinem »Feuchtbiotop«. Im Sommer leben dort

Libellen im Wollgras, manchmal auch Frösche. Was mir besonders gefällt: die hellgrünen Horste von Alchemilla, die mit den Jahren um den halben Teichrand gewachsen sind.

Ich benutze hier ausnahmsweise die lateinische Bezeichnung, weil mir der deutsche Name Frauenmantel unangemessen vorkommt. Er beschreibt zwar die großen, gefingerten Blätter, die tatsächlich an kleine mattgrüne Fransen-Ponchos erinnern (oder an das weite Cape der Jungfrau Maria), sagt aber nichts über die Extravaganz, zu der diese Pflanze in den frühen Morgenstunden oder an feuchten Tagen fähig ist. Dann sammelt sich auf ihren fein behaarten Blättern das Wasser in zahllosen kleinen funkelnden Perlen, die den ganzen Vormittag nicht einziehen. Nach ein paar Stunden kullern sie langsam zusammen wie früher das Quecksilber aus dem Fieberthermometer, bis sie schließlich in der trichterförmigen Blattmitte einen silbrig schimmernden See bilden, der dann irgendwann abfließt. Und ich frage mich, was ich mich immer frage, wenn die Natur mir zu perfekt vorkommt: Ist das wirklich echt? Ich finde es auch immer ziemlich unglaubwürdig, wenn das frische Gras nach einem Frühjahrsregen so phosphorgrün leuchtet wie auf einem Kinderbild, aber die Alchemilla macht das jeden Morgen, an feuchten Tagen auch noch öfter.

Die Germanen hielten diese Perlen angeblich für die Tränen der Frigga, die ihrem Odin nachweinte. Im Mittelalter haben die Alchemisten versucht, daraus Gold zu gewinnen (daher auch der Name); aber Wasser bleibt Wasser, und wenn man es erhitzt, ist es schnell weg. Das haben die Alchemisten dann irgendwann auch gemerkt. Allein in Asien, wo die Lotusblume allmorgendlich ein ähnliches Schauspiel aufführt, hat man sehr früh verstanden, worum es hier geht: um Sauberkeit. Im Buddhismus ist der Lotus ein Reinheitssymbol, das in den Siebzigerjahren des vergangenen Jahrhunderts wissenschaftlich bestätigt wurde. Damals hat man herausgefunden, dass bei Pflanzen, die über die Blätter kein Wasser aufnehmen, winzige Wachskristalle auf der Blattoberfläche für eine noppenartige Struktur sorgen, auf der Wasser und Schmutz sich zu Kugeln formen.

Ich habe vom »Lotus-Effekt« zum ersten Mal gehört, als uns ein geschäftstüchtiges Sanitärunternehmen ein Badezimmerwaschbecken angedreht hat, an dessen Lackierung Schmutz und Wasser abperlen sollten. Angeblich muss man es nie putzen. Na ja. Nach meiner Erfahrung verwandelt der Lotus-Effekt Dreckschlieren bloß in Schmutzflecken. Macht also alles nur noch schlimmer. Das kann die Natur wirklich besser: Wenn die Wasserkugeln von der Alchemilla abgeflossen sind, hinterlassen sie ein ziemlich sauberes, keimfreies Blatt. Nicht nur am Gartenteich meiner Eltern, auch in Großstadtparks, Kleinstadtgärten und seit ein paar Jahren auch bei mir in der staubtrockenen Uckermark.

Die Alchemilla ist genügsam, die meisten Arten mögen es lieber feucht, bringen sich aber bei Trockenheit nicht sofort um. Wer auf Nummer sicher gehen will, pflanzt die ursprünglich aus dem Kaukasus kommende Alchemilla erythropoda. Gießen sollte man sie trotzdem. Und wenn man es übertreibt, was man regelmäßig tun sollte, passiert schon wieder etwas Erstaunliches: Die Pflanze drückt überflüssiges Wasser an den fein gezähnten Blättern wieder heraus, selbstverständlich wieder in Kugeln.

Die Leute im Dorf sagen, es gebe ein Gewitter, wenn die Alchemilla am Tage weint. Dabei läuft sie bloß über, das aber auf eine sehr spektakuläre Weise.

Was jetzt dran ist

Nun können Zucchini- und Kürbispflanzen endlich ins Beet. Tomaten an eine geschützte Stelle setzen, gut mulchen.

Kompost

W issen Sie, wie viel 5,2 Tonnen Kompost sind? Ich weiß es, ich habe nämlich Anfang Frühjahr genau diese Menge bei einer regionalen Abfall- und Grünschnittverwertung bestellt. Mein Kompost war restlos aufgebraucht, und ich wollte ein paar neue Beete anlegen. Und weil Kompost sehr günstig, die Lieferung aber unverhältnismäßig teuer war, habe ich zu der freundlichen Disponentin am Telefon gesagt: »Dann machen Sie den Lkw halt voll.«

Wir waren nicht vor Ort, als die 5,2 Tonnen abgeladen wurden, aber wir sahen sie von ferne, als wir eines Freitagabends ankamen. Hinter dem Staketenzaun qualmte ein großer Berg wie ein aktiver Vulkan – und so ähnlich roch er auch, nicht direkt nach Schwefel, aber schon arg nach Ammoniak. »Ist da Schweinepuller drin?«, fragte die Fünfjährige und wurde die nächste Zeit nur noch mit FFP2-Maske im Garten gesehen. Ihre Geschwister kamen überhaupt nicht mehr vor die Tür. Die Kinder zum Schaufeln abzustellen wäre sowieso keine gute Idee gewesen. Jeder Kompost erwärmt sich während der Zersetzung, dieses Zeug aber war so heiß, dass man sich daran verbrennen konnte. Was macht man damit?

Reifer, feinkrümeliger Kompost ist das schwarze Gold der Gärtnerinnen und Gärtner, das Allheilmittel der biologischen Landwirtschaft. Die Idee liegt auf der Hand: Man gibt dem Garten zurück, was man ihm entnommen hat. Grünschnitt, Küchenabfälle, Fallobst und Laub kommen auf einen Haufen und zersetzen sich zu einer »Rotte«, die dann noch einmal durch Würmer und andere winzige Bodenlebewesen geht. Deren Ausscheidungen ergeben eine dunkle, stickstoffreiche Erde, die man wieder als Dünger auf seinen Beeten verteilt. Fast alle Kulturen wussten um diesen Kreislauf, fast alle haben ihn vergessen, nachdem Anfang des 20. Jahrhunderts der Mineraldünger erfunden wurde.

Ich sag's ungern, aber die Propheten der anthroposophischen Landwirtschaft, deren Nähe zur Blut- und-Boden-Ideologie mich regelmäßig fertigmacht, kamen als Erste darauf, dass intensive Bodenbewirtschaftung kurzfristig schnelle Erträge bringt – langfristig aber all die Probleme nach sich zieht, mit denen wir heute zu kämpfen haben: Bodenerosion, Artensterben, vergiftetes Wasser. Auch gegen Alwin Seifert, den Mann, der die Kompostierung hierzulande in den Siebzigerjahren populär gemacht hat, hätte ich einiges einzuwenden: völkische Jugend, reger Briefwechsel mit Rudolf Heß, Organisation Todt, 1940 Ernennung zum »Reichslandschaftsanwalt«. Sein Buch *Gärtnern, Ackern – ohne Gift* ist trotzdem noch immer so mit das Beste, was man zum Thema finden kann.

In langen Versuchsreihen hat er herausgefunden, dass ein traditioneller Kompost, bei dem alles auf einen Haufen kommt, zu schlechteren Ergebnissen führt als die von ihm favorisierte »Kompostmiete«, die man sich wie einen großen Wurm vorstellen muss, der nur an einem Ende gefüttert wird und in Abschnitten verrottet. Diese Technik hat den Vorteil, dass sich der Kompost schneller erwärmt und deshalb auch schneller zersetzt – und man immer weiß, wo er am reifsten ist.

Ich kenne auch Leute, die gute Erfahrungen mit der Drei-Kammer-Methode machen: In die erste Kammer kommt der frische Grünschnitt, der sich ein Jahr lang zersetzt, bis er in eine zweite Kammer umgeschaufelt und mit einer Folie abgedeckt wird, damit die von unten aus dem Erdreich eingewanderten Würmer es warm und feucht haben. Nach einem weiteren Jahr kann das, was die Würmer übrig ließen, in eine dritte Kammer gesiebt und nach Bedarf ausgebracht werden.

Was man auf keinen Fall machen sollte: 5,2 Tonnen Fertigkompost bestellen und denken, man habe die Lösung. Denn das Biomaterial, das einem die Abfallverwertung in die Einfahrt kippt, ist kein Fertigkompost, sondern die Heißrotte, die nach der Erzeugung von Biogas zurückbleibt. Chemisch entspricht sie dem, was in der ersten Phase auch im Eigenkompost entsteht: halb zersetztes Material, das sich noch kein Wurm einverleibt hat. Seiferts Warnung, diesen »unreifen Kompost« in den Garten zu harken, hat mich im letzten Moment erreicht. Zum Glück. Denn unreifer Kompost enthält viel Nitrat und schadet dem Wachstum, das er fördern sollte.

Und das ist die gute Nachricht: Man darf selbst schlecht verrotteten Biogasanlagen-Kompost ganz oben als Mulch auf Beete, Baumscheiben und unter Hecken verteilen. Was ich getan habe, zum Gespött meiner Familie. Dann heißt es warten, bis die Würmer ihren Job erledigt haben. Das kann je nach Witterung ein paar Monate dauern. Ich habe nach vier Wochen mit dem Säen und Pflanzen begonnen. Und es wächst inzwischen so einiges auf den neuen Beeten, allerdings langsamer als in den Jahren zuvor, und ich hoffe sehr, dass es am Wetter liegt.

Was jetzt dran ist

Phacelia-Saat auf freie Beetflächen ausbringen, die Pflanze ist ein hervorragender Dünger und blüht schon bald in einem wunderbar hellen Violett.

Artischocken

A ls Gärtnerin führt man gelegentlich Gespräche über heimische Pflanzen, die, so die allgemeine Tendenz in ökologisch bewegten Kreisen, den ortsfremden vorzuziehen sind. Doch was sind heimische Pflanzen? Der Apfelbaum, der in der Antike aus Kasachstan ins heutige Europa gelangte? Die Kartoffel, die sich als Arbeitsmigrantin in den vergangenen Jahrhunderten so gut integriert hat, dass sie zum Synonym fürs Deutschsein wurde? Oder doch nur der Schachtelhalm?

Man muss ein bisschen aufpassen, dass man vor lauter Landschaftsschutz nicht versehentlich zum Gartennazi wird. Ich jedenfalls habe keine Lust, die Welt aus meinem Garten auszusperren. Ich bin sogar mächtig stolz, eine Marone (heikel nördlich der Mainlinie), eine Maulbeere und zwei Feigenbäume durch den Winter gebracht zu haben. Und dieses Frühjahr bin ich mit einem neuen Projekt gestartet: Artischocken. Leider auch heikel, denn mein Garten liegt in der wasserarmen, steinigen Endmoränenlandschaft der Uckermark. Als wir hier vor vier Jahren ankamen, stadtmüde und mitten in der Midlife-Crisis, war mein Garten eine verwilderte Streuobstwiese. Wochenlang haben wir mannshohe Brennnesseln gemäht, Totholz und sklerotische Brombeerschlingen gerodet, während die Nachbarn fassungslos den Kopf schüttelten. Einer, den wir inzwischen als Ersatzopa adoptiert haben, sagte: »So einen Scheiß machen nur Berliner.«

Selbst wenn man entschlossen ist, das Ganze nicht allzu ernst zu nehmen, ist Gärtnern – von der Herrichtung eines maroden Bauernhauses werde ich hier schweigen – das, was Amerikaner eine *humbling experience* nennen. Alles dauert ewig, und die Hälfte misslingt. Um mich nicht dauerhaft zu frustrieren, gehe ich schrittweise vor. Es gibt große Pläne (Bäume) und kleine Ziele (einjährige Blumen, im Frühjahr ausgesät, im Sommer prächtig), und es gibt mittelfristige Projekte. Dazu gehören Rosen, Stauden, Gemüse, die ein bisschen mehr Aufmerksamkeit brauchen, und seit diesem Jahr: die Artischocken.

Diese eleganten Riesendisteln faszinieren mich, seitdem ich als Kind im Frankreichurlaub am Saum eines Artischockenackers gestanden habe. Der Bauer hatte die Ernte verpasst, und das Feld blühte in 100 Farben lila. So viel Platz habe ich nicht. Aber um einem deutschen Gemüsegarten ein bisschen Glamour zu verleihen, reichen ein paar Pflanzen. Dachte ich jedenfalls, habe dann aber sicherheitshalber schon im Februar den Inhalt von zwei kompletten Saattütchen auf meiner Fensterbank vorgezogen, französische Klassiker mit dem unbescheidenen Namen Imperial Star und spanische Kardonen. Streng genommen sind Kardonen keine Artischocken, sondern bloß ihre nächsten Verwandten. Man isst die Stängel und, wenn man sich die Mühe macht, die langen Stacheln zu entfernen, auch die ausladenden stacheligen Blätter, was den Vorteil hat, dass man die Knospen nicht vor der Blüte ernten muss.

In beiden Fällen bin ich lehrbuchmäßig vorgegangen. Pflänzchen rechtzeitig umgetopft, ab April auf dem Balkon abgehärtet, dann draußen im Garten noch ein bisschen an der Hauswand stehen gelassen, um sie an das bis Mitte Mai oft noch eisige brandenburgische Klima zu gewöhnen. Und dann ist passiert, womit ich nicht rechnen konnte: Alle, wirklich alle Artischocken sind was geworden. Zum Vergleich: Bei Tomaten liegt meine Erfolgsquote nur bei 50 Prozent.

Die Hälfte habe ich verschenkt, die andere Hälfte überall hingepflanzt, wo noch ein Platz war. Zum Pflücksalat – nicht gut für den Salat, denn Artischocken brauchen sehr viel Platz. Ins Staudenbeet – nicht gut für die Artischocken, denn sie brauchen einen sehr nährstoffreichen, humosen Boden.

Am Rand des Kartoffelbeetes aber läuft es super: Aus mickrigen Stachelhäufchen wurden stattliche Disteln mit silbergrün schimmerndem Laub. Wenn der Sommer gnädig ist, warm, aber nicht zu trocken, gibt es ab September Carciofi alla romana für alle. Aber darauf sollte man sich nicht versteifen. In raueren Gegenden blühen Artischocken oft erst im zweiten Sommer, danach halten sie dann wie alle Stauden noch viele Jahre durch. Vor dem Winter sollte man sie allerdings komplett herunterschneiden und mit Stroh und Tannenzweigen gegen den Frost schützen. Ich habe gehört, dass das mit etwas Glück auch für die sehr viel empfindlicheren Kardonen gilt, und bleibe erst mal optimistisch.

Was jetzt dran ist

Im Juni Wintergemüse säen (Pastinaken, Wirsing und, wer so was mag, Grünkohl). Am besten frostharte Sorten, dann ernten Sie bis Weihnachten. Und nicht vergessen, die jungen Kohlpflänzchen durch ein Netz vor Schädlingen zu schützen.

Pilze

Ich gehe nie in die Pilze, ich traue mich das einfach nicht. Ich kann zwar einen Pfifferling von einem Fliegenpilz unterscheiden, doch woher soll ich wissen, dass das, was ich für einen Champignon halte, nicht doch ein giftiger Knollenblätterpilz ist? Das sieht man doch, sagt die Schwiegermutter. Die Lamellen seien anders, erklärt sie. Die vom Champignon gingen ins Rosa-Bräunliche, die vom Knollenblätterpilz seien in der Regel weiß.

Doch leider haben auch junge Champignons oft weiße Lamellen. Da hilft es angeblich, den Stiel genauer anzuschauen. Beim Knollenblätterpilz bildet sich da eine ringförmige Ausbuchtung, die beim Champignon oft fehlt oder kleiner ist. Hat man sich trotzdem vertan, merkt man das, wenn einem ein paar Stunden nach dem Essen speiübel wird. Das Gesundheitsportal des Berliner Senats empfiehlt in diesem Fall, sofort einen Arzt aufzusuchen und zur besseren Einschätzung des Vergiftungsgrads ein bisschen Erbrochenes mitzubringen. Oft ist es dann allerdings zu spät.

Pilze – das ganze Konzept ist unheimlich. Nicht Pflanze, nicht Tier, sondern ein Lebewesen der dritten Art, das, weil es keine Photosynthese betreibt, biologisch den Tieren ähnlicher ist als den Pflanzen. Es gibt sogar fleischfressende Pilze, die unterirdisch Würmer verschlingen. Die meisten ernähren sich von abgestorbenem organischem Material, dessen Nährstoffe sie über ein riesiges im Erdreich verborgenes Myzel absorbieren. Auch Holz ist ein beliebter Nahrungslieferant.

»Riechen Sie das?«, fragte der Bauingenieur, als er vor fünf Jahren den Keller des Häuschens inspizierte, das wir gerade gekauft hatten. Ja, ich roch es. Und wenn es im Haus nach Pilz riecht, heißt das nicht Pfifferling, sondern Gemeiner Hausschwamm. Dann braucht man keine Lupe, um zu sehen, dass Deckenbalken und Ständerwerk an den befallenen Stellen einfach zerbröseln. Der Gemeine Hausschwamm ist ein niederträchtiges Wesen, das selbst Kirchen und Paläste zum Einstürzen bringen kann. Man bekämpft ihn mit Gift, eine andere Möglichkeit gibt es nicht, aber man kann sich nie sicher sein, ob man wirklich das ganze Myzel erwischt hat. Der Bauingenieur erzählte die in seiner Branche kursierende Geschichte von einem vermeintlich erfolgreich »wegsanierten« Hausschwamm, der nach vielen Jahren einen verrotteten Holznagel im Gemäuer fand und wieder genug Futter hatte, um sein Werk der Zerstörung fortzusetzen.

Für Pilze, diese Würmer und Pflanzenaas fressenden Halbtiere, ist immer Leichenschmaus. Aber sie sind eben schon auch ganz lecker, wenn sie mit Kräutern mariniert oder gebraten auf der Pasta liegen. Und ich finde es ja selbst merkwürdig, dass eine Person, die so viel Zeit auf dem Land verbringt wie ich, Pilze ausschließlich und aus Prinzip im Supermarkt kauft, während das halbe Dorf im Herbst mit vollen Körben an mir vorbeiläuft. Nun brachte eine Bekannte mich auf eine Idee: kontrollierter Anbau.

Sie züchtet schon seit ein paar Jahren neben ihrem Komposthaufen Shiitake- und Austernpilze, nach einer alten asiatischen Methode, bei der »Pilzbrut«, also ein unter Laborbedingungen isoliertes Myzel, in frisch geschlagenes, gesundes Buchen- oder Eichenholz injiziert wird, das sich in den warmen Sommermonaten dann im Holz ausbreitet. Angeblich zeigen sich bereits im ersten Herbst die ersten Fruchtkörper, die dann mindestens drei Jahre weiterwuchern – bis ihre immer hungrigen Myzelfäden aus dem Holz gemacht haben, was der Hausschwamm aus meinem Haus machen wollte: Humus. Aber die asiatische Methode ist etwas für Fortgeschrittene, die Bekannte hat lange herumexperimentiert, bis sie das richtige Holz und den geeigneten Standort gefunden hatte. Die Rinde muss unbedingt noch unversehrt sein!

Für Anfänger gibt es andere Möglichkeiten. Man kann sich einfach ein Pilzbrutset für die Küche im Biomarkt kaufen, aber das ist gegen meine Gärtnerinnenehre. Ein bisschen mehr als Tüteaufreißen und Warten traue ich mir schon zu.

Nun frage ich mich, ob ich mir Pilzbrutkörner, also mit getrocknetem Myzel durchzogene Getreidekörner, von der Braunkappe oder dem Wiesenchampignon besorgen soll, die man in einem frischen, nassen Weizenstrohballen oder in den Komposthaufen steckt, wo sie sich dann in den kommenden vier, fünf Monaten ausbreiten. Oder ob ich es mit

Parasolpilzen in Gartenkultur versuchen soll. Das klingt jedenfalls toll: Man entfernt an einem halbwegs schattigen, aber nicht zu nassen Ort ein Stück Grasnarbe, steckt eine mit einem Myzel versetzte Gartenerde-Mischung drunter, macht die Grasnarbe wieder drauf – und spätestens nach einem Jahr wachsen prächtige Parasolpilze unterm Birnbaum, die man dann gefahrlos in die Pfanne hauen kann.

Pilzkenner runzeln jetzt natürlich die Stirn. Pilze sammeln, die man selbst angebaut hat, das ist ein bisschen wie Fertiggerichte in die Mikrowelle schieben und sich einbilden, man habe ganz toll gekocht. Aber es ist zumindest ein Anfang. Wenn ich mich beeile, könnte es mit den Champignons noch was werden bis zum Herbst.

Was jetzt dran ist

Supermarkt-Basilikum behutsam aus dem Topf lösen und auf vier bis sechs Töpfe mit frischer Erde verteilen. So hält es ewig.

Stauden

Robin Lane Fox, der beste lebende englische Gärtner, hat einmal gesagt, ein schöner Garten sehe so aus, als wäre der Gärtner vor sechs Wochen verstorben. Mein Garten sieht gerade aus, als wäre ich seit Monaten unter der Erde, dabei war ich nur zehn Tage weg. Die Sonne schien, die Nachbarn haben vorbildlich gewässert, und ich habe jetzt Pflücksalat in Basketballgröße, verholzte Monsterradieschen, und überall blüht blau das Borretsch-Kraut, fast so groß wie meine jüngste Tochter. Klassischer Fall von Ernte verpasst.

Doch was ist gerade in meinem in diesem Frühjahr mit viel Liebe angelegten Staudenbeet los, dessen einziger Zweck angeblich doch darin besteht, von Mai bis Oktober gut auszusehen und einem dabei keine Arbeit zu machen? Riesige Malven in pastoralem Violett verdrängen die Skabiosen, ein unbotmäßiger Sonnenhut den Blütenoregano, die schmächtigen Blaunesseln kommen unter wuchernden Astern und Phlox nicht ans Licht. *Survival of the fittest?*

Das habe ich nicht gewollt, als ich dieses Frühjahr mit einem perfekten Pflanzplan im Lockdown saß. Sie erinnern sich: viel Zeit, wenig Möglichkeiten, rasender Stillstand. Pflanzenmärkte waren tabu, das Internet wegen der horrenden Lieferzeiten ebenso. Anfang April habe ich mir ein Herz gefasst und das versucht, was erfahrenere Gärtner sowieso regelmäßig tun: alte, vergreiste Pflanzen teilen und umsetzen. Das Problem war nur: Da mein Garten ziemlich neu ist, habe ich wenig alte Pflanzen. Vor dem Haus, an einem schattigen, feuchten und denkbar ungeeigneten Platz, fand ich einen völlig vermoosten Asternstock und einen pilzkranken Phlox, der mir noch nie auch nur eine einzige Blüte gezeigt hat.

Also habe ich die verknoteten Wurzelstöcke vorschriftsmäßig mit einem scharfen Spaten rundum gelockert und dann die einzelnen Wurzeln wie Karotten aus der Erde gezogen, die dünnen Enden abgeschnitten und den Rest in frischen, lockeren Boden mit Sonnengarantie versetzt. Dann hat ein Freund auf diese Weise für mich bei sich einen prächtigen Sonnenhut zerlegt, den ich anschließend in Einzelteilen zwischen Astern und Phlox verpflanzt habe. Dazu ein paar Lilienknollen, die die Schwiegermutter in Bayern entbehren konnte, und ein Tütchen Malvensamen (Discounter, 0,89 Euro) – und hätte ich es dabei belassen, könnte ich an dieser Stelle das Hohelied auf Einfachheit und die Wonnen des Verzichts singen.

Der Phlox macht seinem Zweitnamen Flammenblume alle Ehre und trägt, wahrscheinlich das erste Mal seit dem Mauerfall, gigantische pinkfarbene Blütenrispen. Die Astern knospen, unangekränkelt von Schimmel oder Mehltau, gen Himmel. Und die Sonnenhüte, die mit ihren gelben, nach unten hängenden Blütenblättern bald aussehen werden wie Büsche beleidigter Sonnenblumen, liefern sich mit den Malven, an deren armdicken Stielen tiefviolette Blütensträuße sitzen, einen Wettbewerb, wer als Erstes übers Fensterbrett wächst.

Diese raumgreifende Prachtentfaltung ist ganz wunderbar, genauso hatte ich mir das gewünscht. Aber sie war im Frühjahr nicht abzusehen, nicht einmal ansatzweise. Der oberirdische Teil von Stauden stirbt im Winter ab, und erst ab Mai kann man sicher sein, dass sie noch leben. Und als mein Beet kurz nach Ostern noch immer so winterbraun und traurig dalag, ging ich davon aus, dass meine Verjüngungssaktion komplett missglückt war. Die umgesetzten Stauden zeigten lange nicht ein einziges Blättchen, weshalb ich in einer nächtlichen Panikaktion noch mal Pflanzen bestellt habe. Alles bio und schmetterlingsfreundlich und in der Theorie auch einigermaßen beeindruckend: purpurfarbener Scheinsonnenhut, weiße Flockenblumen, violett blühender Oregano, diverse Nesseln und Disteln. Kostenpunkt: 100 Euro.

Das Geld wäre besser angelegt gewesen, hätte ich dafür Champagner gekauft, um mir damit die Füße zu waschen. Denn das ist die Lehre aus diesem Staudenjahr: Du brauchst viel Geduld und gute Nerven und darfst junge, eher langsam wachsende Pflänzchen nicht neben ihre robusten Verwandten pflanzen, wenn diese gerade ihren zweiten Frühling erleben.

Falls die »Schmetterlingsweide« diesen Sommer überlebt, was ich natürlich sehr hoffe, muss ich ihr wohl einen Pflanzenkindergarten anlegen, um sie dort ein paar Jahre vorzubereiten auf den Garten-Darwinismus, der mich ja auch kalt erwischt hat.

Was jetzt dran ist

Im Juli wichtig: Verblühte Rosenblüten oberhalb des Blattansatzes abschneiden, außer natürlich bei Hecken-rosen, sonst gibt's keine Hagebutten.

Borretsch

Der Gärtner ist immer der Mörder? Natürlich nicht. Die Gärtnerin auch nicht. Wir geraten nur schnell unter Verdacht, weil wir so viele Waffen besitzen. Mir wird ja selbst angst und bange, wenn ich im Dämmerlicht in meinen Schuppen schaue: Mehrere Spaten, Hacken und Harken stehen und hängen an den Wänden, ein dreikralliger Grubber, ein einkralliger Sauzahn, ein speerlanger Ampferstecher und das eine oder andere ziemlich große Beil. Außerdem besitze ich diverse Sägen, eine stumpfe Heckenschere, eine uralte Mistgabel, eine rostige Sense und anderes Mähgerät, das man sich gut in einem Horrorfilm vorstellen kann. Die meisten dieser Dinge sind wichtig, ohne sie wüchse einem der Garten über den Kopf. Aber sie helfen nicht in jedem Fall.

Bei mir zum Beispiel ist mal wieder die Borretsch-Plage ausgebrochen. Wie schon im vergangenen Jahr machen sich zwischen winzigen Rote-Bete-Pflanzen, zaghaften Dillspitzen und bleistiftdünnen

Mangoldstielen diese plumpen Rosetten aus großen, dunklen, merkwürdig haarigen Blättern breit, aus denen in zwei, drei warmen Tagen staudengroße Gewürzpflanzen werden können, die dem Gemüse dann für Monate die Sonne stehlen. Ich sollte mindestens die Hälfte entfernen. Das geht ganz ohne martialisches Gerät. Ich müsste nur dran ziehen. Aber ich bringe es nicht übers Herz.

Der Borretsch und ich, wir kamen schon zusammen, als mein Garten noch kein Garten war. Damals, vor vier, fünf Jahren, war ich auf Recherche in der Toskana. Ich weiß nicht mehr genau, worum es ging. Aber ich weiß, es war April, zwischen Pienza und Montepulciano gingen schon die Bachblüten auf – und ein merkwürdiges Kraut mit strahlend blauen Blütensternen, das ich schöner fand als alles, was der frühe Frühling bei uns zu bieten hat. Was war das?

Borago, sagte meine Gastgeberin im Agroturismo, ein Kraut, dessen feine Bitternote unverzichtbar sei für die norditalienische Küche. Auf dem Weg zum Flughafen habe ich mir zwei Pflänzchen ausgestochen und in eine Wasserflasche gesteckt, die Flasche vor der Sicherheitskontrolle geleert und hinterher auf der Toilette wieder aufgefüllt. Nachdem ich in Frankfurt den Anschluss verpasst hatte, saß ich eine halbe Nacht im Transit, auf den Knien zwei traurige Pflänzchen, die kurz danach eingingen. Kein Borago in Brandenburg, keine norditalienische Bitternote in der Mark, dachte ich.

Dann entdeckte ich diese kleinen blauen Blütensterne in vielen Gärten der Umgebung, sogar bei den Nachbarn ein paar Häuser weiter. Borago?, fragte ich. Borretsch, sagten die Nachbarn, was exakt dasselbe ist. Ich hatte also versucht, ein heimisches Kraut einzuführen. Tja. Borretsch oder auch Gurkenkraut ist ein wichtiger Bestandteil der traditionellen deutschen Sommerküche und eines der sieben Kräuter der Frankfurter Grünen Soße. Auch im Norden extrem einfach zu kultivieren.

Mein Borretsch stammt aus einer Tüte mit Samen für essbare Blüten, die ich im Frühjahr nach dem kläglichen Importversuch in mein erstes Gemüsebeet gesät habe, wo er sich inzwischen ziemlich ungehindert fortpflanzt. Ich habe nämlich aufgehört, ihn zu ernten. Borretsch ist giftig.

Dass seine Blätter und Blüten Pyrrolizidinalkaloide enthalten, die die Leber schädigen, ist schon länger bekannt. Im vergangenen Jahr drang auch zu mir durch, was pharmazeutische Biologen der TU Braunschweig herausgefunden haben: dass die Konzentration um ein 15-Faches höher ist als ursprünglich gedacht. Schon eine Portion Grüne Soße kann den empfohlenen Grenzwert überschreiten. Kinder sollen gar keinen Borretsch mehr essen, was für meine Kinder eine gute Nachricht ist. Sie müssen künftig ihre Borretsch- Suppe nicht mehr so lange im Mund behalten, bis sich ein Erwachsener erbarmt und sagt: »Meine Güte, dann spuckt's halt aus.«

Für mich ist das hart. Ich mag bittere Speisen, ich mag blaue Blumen im Salat. Die vom Borretsch schmecken süßlich, und wenn man Essig oder Zitronensaft draufträufelt, färben sie sich violett. Ich verstehe auch die Frankfurter, die sich weigern, den Borretsch in ihrem signature dish durch irgendein anderes Kraut zu ersetzen. Wegen ein paar daherge-

laufener Biologen aus Niedersachsen – da kann ja
jeder kommen!

Aber ich bin keine Frankfurterin und kann ohne
größere Identitätskrise den Borretsch durch Dill
oder Melisse oder gar nichts ersetzen. Theoretisch
könnte ich meinen Borretsch einfach als Zierpflanze
betrachten. Mich an dem blau irisierenden Blütenmeer erfreuen, das die Bienen bald anlocken wird
wie verrückt. Es ist nur viel zu viel. Der Mangold, die
Zucchini, die Buschbohnen brauchen auch Sonne.
Und der Verstand sagt: »Hau das Zeug weg!« Mache
ich. Irgendwann.

Was jetzt dran ist

Unkraut jäten, bevor es sich aussäht, Salat und Zucchini
mit einem Kragen aus ungewaschener Schafswolle
gegen Schnecken schützen.

Tomaten & Basilikum

Es wäre ja praktisch, wenn die Dinge, die zusammen in den Topf oder auf den Teller kommen, auch nebeneinander im Beet stünden. Man müsste nicht lange die Kräuter für, sagen wir, eine Frankfurter Grüne Soße zusammensuchen und könnte selbst die Familienmitglieder, die nach vier Jahren im Kräuterbeet noch immer völlig lost sind – ich spreche nicht von den Kindern –, gefahrlos zum Ernten schicken. Doch wer's praktisch will, geht besser auf den Wochenmarkt. Im Garten begibt man sich in eine Gesellschaft, deren komplizierte Codes zu entschlüsseln einen Jahre kosten kann.

Für mich war es beispielsweise eine bahnbrechende Erkenntnis, dass Petersilie und Schnittlauch, obwohl für meine Begriffe eindeutig Küchenkräuter, nicht zur Pimpinelle ins Kräuterbeet gehören, weil sie einen reichhaltigen, humosen Gartenboden brauchen und deshalb besser beim Gemüse stehen. Ich habe eine weitere Saison gebraucht, um zu verstehen, dass sie wegen der Ähnlichkeit ihrer Bedürfnisse auf keinen Fall nebeneinander platziert werden dürfen. Das Grüne-Soße-Beet hat sich damit erledigt, lange bevor mir das oben erwähnte Borretschproblem bewusst wurde. Auch ein Puttanesca-Gärtchen wird es bei mir so schnell nicht geben. Ich kann zwar Knoblauch, aber Chili-Pflanzen werden bei mir selten alt. Und selbst an der schlichten Kombination Kartoffeln und Dill bin ich bislang gescheitert, weil der Dill immer schon verwelkt ist, wenn die Kartoffeln gerade reifen. Was hingegen hervorragend geht: Tomaten und Basilikum. Man darf sich nur nicht nervös machen lassen von dem schrillen Ton, den erfahrene Tomaten-Gärtner anschlagen.

Sie gedeihen nur im Gewächshaus, sagen die, die ein Gewächshaus haben. Sie brauchen unbedingt Schutz vor Regen, sagen die, die ihren Tomaten einen Unterstand gebaut haben. Ich habe weder das eine noch das andere und sage: Es geht auch so. Es dauert nur länger. Außerdem sollte man sich im Freiland auf Sorten mit kleinen bis mittelgroßen Früchten beschränken. Ochsenherzen und diese wunderbaren polnischen Himbeertomaten faulen weg, sobald sie nur ein einziges Mal im Regen standen. Und selbst die weniger komplizierten Sorten (ich habe gute Erfahrungen mit der kleinen Sorte Dattelwein und der mittelgroßen Sorte Moneymaker gemacht) brauchen einen geschützten Standort, dem ein Baum oder so zumindest den halben Tag Schatten spendet. Denn Tomaten haben's zwar gern hell und warm, aber in der prallen Sonne kriegen sie die Gelbkragen-Krankheit: weißliche, styroporartige Stellen am Stielansatz.

Nimmt man es genau, stehen auch Freilandtomaten nicht gern richtig im Freien, in alten Gärtnereien werden sie an gemauerten Terrassen angebaut, die Schutz vor Wind und Wetter bieten und die Wärme speichern. Da ich keine alte Gärtnerei habe, müssen sie bei mir mit einer südlichen Hauswand klarkommen, wo sie allerdings schnell ins Kraut schießen. Deshalb »geize« ich alle neuen Triebe über den Blattansätzen regelmäßig aus, sonst habe ich am Ende mehr Grün als Gemüse.

Man will seine Tomaten ja nicht mit Tomatenlaub essen, das wäre auch gar nicht gesund, sondern mit Basilikum. Für das gibt es zwei Möglichkeiten: Man zieht es ab März auf der Fensterbank, oder man kauft sich im Mai ein paar Töpfchen im Supermarkt und pflanzt sie um ins eigene Beet. Bevor ich zu meinem Garten kam, zog ich Basilikum immer am Fenster. Wenn man nicht zu eng sät, fünf, sechs Samenkörner pro Topf, und die Erde feucht, aber nicht zu nass hält, kann an einem sonnigen Platz wenig schiefgehen. Inzwischen vergesse ich das Basilikum aber fast jedes Jahr, weil ich genug mit meinen Tomaten zu tun habe. Außerdem blockieren die Setzling bis Mitte Mai alle guten Fensterplätze in meiner Berliner Wohnung.

Es schmeckt dann immer ein bisschen nach Niederlage, wenn ich direkt nach den Eisheiligen, wenn auch die Tomaten ins Freie kommen, den Einkaufswagen voll Basilikum lade. Aber nur kurz. Denn diese traurigen Supermarkt-Geschöpfe, die im Topf keine drei Wochen alt werden, entwickeln sich in der Nachbarschaft von Tomaten zu beachtlichen Büschen, denen man ihre Herkunft nicht ansieht. Wichtig ist nur: richtig ernten, also immer ganze Stiele herausschneiden, regelmäßig düngen (etwa mit Kaffeesatz). Die Blüten sofort abscheiden (sonst wird das Laub bitter), und nur mäßig gießen, am besten erst, wenn der Boden knochentrocken ist. Tomaten und Basilikum sind Pegeltrinker. Sie können nicht ohne, aber wenn man es übertreibt, brechen sie so schnell zusammen, dass man ihnen dabei zugucken kann.

Was jetzt dran ist

Blumenwiesen nach der ersten Blüte einmal komplett runtermähen, Schnitt abfahren, damit der Boden sich nicht überdüngt.

Schnecken

Werde ich gefragt, warum ich einen Garten habe, antworte ich in der Regel, dass der Garten für mich eine sehr zeitgemäße und halbwegs unpeinliche Art ist, sich im Freien zu bewegen. Man muss auch nicht um die halbe Welt fliegen, um das Gefühl zu bekommen, endlich mal weit weg zu sein. Ich kann das jedes Wochenende haben. Ich nehme das Auto oder den Regionalexpress, und nach einer Stunde bin ich komplett raus. Den Sonnengruß erledige ich ohne Yogalehrer und Achtsamkeitstraining. Einfach indem ich morgens vor die Tür trete. Mit ein bisschen Glück grüßt die Sonne sogar zurück.

Der Garten, von dem ich gerne erzähle, ist ein Ort, an dem das Leben leicht ist. Man tut, was zu tun ist. Man pflanzt und sät, wenn gepflanzt und gesät werden muss, man zupft und rupft, wenn gezupft und gerupft werden muss. Und wenn dann endlich das erste Beerenobst reif ist, dann holt eine ordentliche Gärtnerin ihre großen Töpfe aus dem Keller und kocht Marmelade. Auch ich greife immer voller

Tatendrang zu, wenn zu Beginn der Saison die Gelierzuckertüten im Supermarkt auftauchen. Ich sehe mich dann schon mit einem karierten Kittel beschürzt in einem großen Kupfertopf rühren – und in meiner Vorstellung ist plötzlich alles gut.

Endlich muss ich niemandem erklären, was ich eigentlich den ganzen Tag mache und dass ich wirklich einer seriösen Arbeit nachgehe, auch wenn es oft nicht so aussieht. Denn ich koche ja Marmelade. Im Juni aus Erdbeeren, im Juli aus Johannisbeeren, im August aus Brombeeren.

Doch wenn ich dann im Garten bin, kommt immer irgendwas dazwischen. Mal gibt es zu wenige Beeren, mal zu wenige Gläser und eigentlich immer zu wenig Zeit. Denn es stimmt zwar alles, was ich über meinen Garten erzähle, aber es ist nur die halbe Wahrheit. Wie im richtigen Leben ist man nie fertig. Und der Garten stellt einem keine Termine in den Google-Kalender, und er ruft auch nie an, um einen an eine wichtige Sache zu erinnern. Wenn man sich nicht genug kümmert, macht der einfach, was er will. Er wuchert oder verdorrt und nährt mit Wonne all die Gartenbewohner, die man lieber auf dem Mond wüsste. Denn aus Sicht des Gartens gehört das Obst den Vögeln, die Rose den Blattläusen und der Salat den Schnecken. Die Gärtnerin mag sich in schwachen Momenten wie eine Göttin fühlen, die sich ein privates Eden schafft, aus dem sie niemand vertreiben kann. Doch für den Garten ist sie bloß das hinterletzte Ende der Nahrungskette und streng genommen im großen Fressen und Gefressenwerden überhaupt nicht vorgesehen. Wenn sie nicht aufpasst, bekommt sie nur, was die anderen übrig gelassen haben.

Letztes Jahr fielen sämtliche Kirschen und fast alle Beeren den Spatzen zum Opfer; dieses Jahr haben die Raupen des Kohlweißlings die Weißkohlpflänzchen bis auf die Rippen runtergenagt, weil ich vergessen hatte, die Blätter nach Raupeneiern abzusuchen, und auch keine Lust hatte, mein schönes Beet mit einem Schädlingsschutznetz abzudecken. Jetzt hausen Ameisen in den Artischocken und laben sich am Kot der Blattläuse, die ich vor ein paar Wochen mit einem Gartenschlauch vertrieben habe.

Am schlimmsten aber sind die Schnecken. Sie stören sich nicht an den Eierschalen, die ich rund um die Beete verteilt habe, und haben auch keinerlei Respekt vor der Schneckenbarriere aus ungewaschener Schafswolle. Sie fressen zuerst die Kapuzinerkresse, die ich gepflanzt habe, weil sie angeblich Schnecken vertreibt, dann den Salat, dann die Zucchini und schließlich den letzten bitteren Spinat. Vergangenes Wochenende habe ich welche aus dem Briefkasten gefischt, wo sie sich mit Genuss über die Zeitung hergemacht hatten.

Bei Schnecken fällt selbst den Naturgärtnern, die nie von Schädlingen, sondern immer von Nützlingen sprechen, nichts mehr ein. Raupen kann man mögen, weil in ihnen ein Schmetterling steckt und sie außerdem ein ganz hervorragendes Vogelfutter sind. Blattläuse darf man nicht verdammen, weil sie nicht nur Ameisen, sondern auch Marienkäfern schmecken. Und Ameisen können auch hilfreich sein, weil sie die Möhrenfliegen vertilgen. Aber Schnecken, vor allem die ekligen nackten, die müssen einfach nur weg. Manche ertränken sie in Bierfallen, andere vergiften sie mit Schneckenkorn. Ich halte mich an die Biogärtnerin meines Vertrauens, die sie mit einem scharfen Spaten zerteilt.

Beim ersten Mal ist das hart, beim zweiten Mal schaut man noch weg. Aber mit der Zeit stumpft man ab, und das Schneckentöten wird zur Morgenroutine. Erst Sonne grüßen, dann Nacktschnecken halbieren, dann noch mal eine kleine Runde drehen. Und was sehe ich da? Die Johannisbeersträucher, schwarz und rot, hängen so voll wie nie. Zum ersten Mal seit Wochen denke ich wieder an Marmelade. Wäre jetzt nicht der richtige Moment? Aber dann machen wir es doch wie die Vögel im vergangenen Jahr und essen die einfach alle auf. Nicht weil wir müssen, sondern weil wir es können. Denn wir müssen im Garten überhaupt nichts. Das vergessen wir nur viel zu oft.

Was jetzt dran ist

Im August verblühte Stauden radikal zurückschneiden, damit sie erneut knospen, Pflaumen ernten und vergreiste Äste entfernen.

Nachtkerzen

In der klassischen Gärtnerehe finden in der Regel ein Nutzgärtner und eine Ziergärtnerin zusammen oder umgekehrt. Beide betonen gerne, wie gut sie einander ergänzen – und ärgern sich insgeheim grün und blau über den Partner, der die falschen Prioritäten setzt und Funkien wichtiger findet als Tomaten oder eben umgekehrt. Wobei man sagen muss, dass die Nutzgärtner sich ein bisschen mehr ärgern. Die Nonchalance, mit der Ziergärtner darauf verzichten, sich für die nie endende Arbeit im Garten mit einer Ernte zu belohnen, nehmen sie persönlich.

Ich weiß, wovon ich spreche. Ich bin Nutz- und Ziergärtnerin in Personalunion und führe in Ermangelung eines satisfaktionsfähigen Gegners den Garten-Battle mit mir selbst. Mein Mann mag unseren Garten, weil er in der Nähe eines Sees liegt, in dem er morgens schwimmen kann. Die Idee, die Leute wie Sie und ich mit ihren Gärten verbinden, findet er in guten Momenten schrullig. In nicht so guten Momenten erfüllt ihn das ganze Wühlen und Grubbern, das Hegen und Pflegen, das Hoffen und Bangen mit homofaberhaftem Groll. Und es stimmt ja: Man muss im Deutschland des 21. Jahrhunderts keine Rote Bete ziehen, um zu überleben. Man muss auch nicht täglich eine vom Mehltau befallene Rose mit Rohmilch abwaschen, damit sie sich vielleicht erholt. Man könnte in der Zeit auch Briefmarken sammeln oder eine ausgestorbene Programmiersprache lernen. Mit dem Unterschied, dass die Briefmarken einen nicht brauchen, der Garten aber schon.

Ich liebe es, abends mit einem Schlauch durch den Garten zu laufen und jede Pflanze einzeln zuwässern. Mein Mann fragt sich, wie man ein bisschen mehr Effizienz in die Sache bekommt. Die Antwort steht seit Anfang Juli als Drohung im Raum: Tröpfelanlage. Israelisches Patent, maximaler Erfolg bei minimalem Wassereinsatz.

»So haben sie damals die Wüste fruchtbar gemacht.«

»Wir sind aber nicht in der Wüste.«

»Wir sind immerhin in der regenärmsten Gegend Deutschlands.«

»Wir sind in der Uckermark, die Prignitz ist die regenärmste Gegend Deutschland.«

»Die Prignitz ist die bevölkerungsärmste Gegend. Den wenigsten Regen haben wir.«

So geht es hin und her, bis eine Nachtkerze völlig unverhofft sein Rationalisten-Herz erweicht.

Nachtkerzen stammen aus Nordamerika und haben sich vom 17. Jahrhundert an in ganz Europa breitgemacht. Es gibt inzwischen so viele Unterarten, dass selbst die Biologen mit der Klassifizierung durcheinanderkommen. Ich kann daher nicht mit Sicherheit sagen, ob es sich bei meinen Nachtkerzen, einem Geschenk des Schwiegervaters, um die Große Nachtkerze (Oenotheragrandis) handelt oder um eine andere Sorte, an deren 30 Zentimeter langen Stängeln größere Blüten wachsen als bei den gewöhnlichen Nachtkerzen (Oenothera biennis), die man oft auf Brachen und an Wegesrändern antrifft. Es spielt aber auch keine Rolle. Ihre spektakulärste Eigenschaft ist allen Nachtkerzen gemein: Abends kann man ihnen beim Erblühen zuschauen. Und das Tempo, das sie dabei zeigen, relativiert alles, was man sich über den Garten als Ort der Langsamkeit zurechtgelegt hat.

Am ersten Abend waren wir dann auch prompt zu spät dran. Wir wollten nur schnell das Essen raustragen, da war es schon passiert. Am zweiten Abend suchten wir so lange nach einer Kamera, dass wir nur noch mitbekamen, wie die Nachtkerzenblüten in einem letzten Zucken aufsprangen und ihre zitronengelben Blütenblätter zu einem hellgelben Körbchen formten, das im Mondlicht die Nachtfalter anlockt. Am dritten Abend aber stehen wir zum Einbruch der Dämmerung im Beet, um dabei zu sein, wenn sich aus einer der rötlichen Knospen das erste Blütenblatt herausschält. Und wir bleiben, bis in der Blüte binnen weniger Minuten auch die vier Staubblätter und der ungewöhnlich lange, ein bisschen obszöne Kelch sichtbar werden. Es kommt selbst mir irre vor: Homo faber, die Kinder und ich beten rührselig eine Blüte an, die schon am nächsten Tag verwelkt sein wird und bis dahin den Geruch von billigem Parfüm verbreitet.

Man kann die Blüten übrigens essen, was wir uns anfangs nicht getraut haben, weil ihr phosphorisierendes Gelb erst mal ziemlich ungesund wirkt. Aber sie schmecken tatsächlich so süß wie sie riechen.

Was jetzt dran ist

Erde um die Kartoffelpflanzen aufhäufeln, damit die
wachsenden Knollen in den Wochen vor der Ernte kein
Licht abbekommen. Feldsalat aussäen.

Radicchio

Am Ende der Sommerferien hat mich der Nachbar von gegenüber auf dem Wochenmarkt dabei erwischt, wie ich mit meinem Sohn auf einer schattigen Bank eine mittelgroße Kiste Erdbeeren vertilgte. »Soso«, sagte der Nachbar, »die Gartenkolumnistin kauft also Erdbeeren.« Das riecht natürlich nach Skandal. In einer idealen Welt kauft eine Gartenkolumnistin keine Erdbeeren, im Frühsommer nicht, weil sie genug eigene hat, im Spätsommer erst recht nicht, weil sie noch in der Erinnerung an ihre köstliche Ernte schwelgt und außerdem damit beschäftigt ist, ein neues Erdbeerbeet anzulegen oder ein altes zu verjüngen. Der frühe September ist dafür die beste Zeit, weil neue Pflanzen oder Ableger bis zum Winter noch genug Zeit haben anzuwachsen.

Zu meiner Entschuldigung muss ich sagen, dass ich mein Erdbeerbeet schon zur zweitbesten Zeit, dem sehr frühen Frühjahr, angelegt habe, wenn keine schlimmen Nachtfröste mehr zu befürchten sind.

Denn auch mir war zu Ohren gekommen, wie un-
geheuer aromatisch und mit nichts zu vergleichen
Erdbeeren aus dem eigenen Garten sind. Zwei
Künstlerfreunde berichteten, dass sie sich die letzte
Erdbeere des Jahres zum Frühstück immer teilten,
um gemeinsam noch einmal dem nussigen Flavour
hinterherzuschmecken, den nur eigene Erdbeeren
haben. Das hätte mich stutzig machen sollen. Eine
letzte Erdbeere. Wir sind zu fünft, und wenn wir uns
um acht Uhr morgens eine Erdbeere teilen, sind wir
um 8.01 Uhr im Krieg. Aber so weit ist es nicht
gekommen.

Ich habe zwar durchaus Früchte in meinem Beet
gesehen, aber die waren entweder grün oder faul.
Ich habe auch gelegentlich ein Kind beobachtet, das
sich glücklich zwei, drei reife Exemplare in den
Mund stopft. Für etwa 30 gut angewachsene kräftige
Pflanzen der Sorte Korona (kein Witz!), die ich mo-
natelang gegossen, gedüngt und mit Stroh unterlegt
habe, damit die Früchte sich auf der feuchten Erde
nicht gleich selbst kompostieren, ist das eine kläg-
liche Bilanz.

Ich kann hier also nicht guten Gewissens zum Anlegen eines Erdbeerbeetes aufrufen. (Falls Sie schon ein gut gehendes Erdbeerbeet haben, freuen Sie sich; und verraten Sie mir bei Gelegenheit, was ich falsch mache.) Ich kann aber sagen: Erdbeeren sind eine Ausnahme. Denn grundsätzlich ist es schon so, dass Obst oder Gemüse, das man gerne mag, auch gut gedeiht. Ja, ich würde mich sogar zu der These versteigen, dass dem Gärtnern in dieser Hinsicht eine Regelhaftigkeit innewohnt, die Nichtgärtner diesem als sentimental und manufactummäßig verschrienen Hobby gerne absprechen.

Meine Artischocken zum Beispiel sehen nicht nur toll aus, sie knospen schon im ersten Jahr, obwohl sie das laut Lehrbuch erst im kommenden Sommer tun müssten. Auch bei Spinat, Mangold, Tomaten, Roter Bete kann mir keiner sagen, das lohne sich nicht: Aus jeweils einem Saattütchen, im Frühjahr rechtzeitig ausgestreut, hatte ich den ganzen Sommer Gemüse. Was will man mehr?

Na ja, Grünkohl wäre schön, Wirsing auch, und natürlich Karotten. Habe ich versucht, aber nicht mit dem nötigen Ernst. Der Wirsing vertrocknete, der Grünkohl fiel den Schnecken zum Opfer. Und die Karotten? Hatten die Größe von Säuglingszehen. Warum, ist nicht ganz klar. Zu wenig Kompost? Zu viel frischer Kompost? Zu viel Sand im Boden, zu wenig? Oder wie beim Wirsing: Wassermangel?

Inzwischen glaube ich, es ist eine Frage der Haltung. Sobald man denkt, irgendwas im Garten sei kein Problem, weil es bei den Nachbarn doch auch in großen Mengen wächst oder einem im Supermarkt zu Dumpingpreisen hinterhergeworfen wird, hat man verloren. Auch Allerweltsgemüse will, dass man darauf aufpasst wie auf ein kleines Kind. Man kann es mit seiner Fürsorge ersticken, es wurden schon viele Pflanzen totgedüngt und faulig gegossen, aber wenn man es zu lange sich selbst überlässt, haut es einfach ab.

Damit das meinem vor ein paar Wochen ausgesäten Radicchio nicht passiert (die späten, erst gegen Februar reifen Sorten kann man bis in den September aussäen, am besten nimmt man eine norditalienische, die ein bisschen was von Winter versteht), helikoptere ich unauffällig über Sämlingen herum, harke, gieße, zupfe Unkraut, bin ansonsten aber guter Dinge. Denn grundsätzlich hat er ja die besten Voraussetzungen für ein erfolgreiches Leben: ein lockeres, mäßig gedüngtes Beet, einen feuchten Frühherbst und eine Gärtnerin, die ihn vor dem ersten Frost liebevoll in Stroh packen wird, weil sie nichts sehnlicher will, als ihn um Fasching herum endlich in die Pfanne zu hauen.

Was jetzt dran ist

Im September nicht vergessen: Brombeermarmelade kochen, Himbeeren beschneiden – aber nicht die Zweige aus diesem Jahr, daran wachsen ja im nächsten die Beeren.

Kürbis

Man liest gelegentlich, derzeit sei die halbe Uckermark auf Krawall, weil großstadtmüde Berliner dort einfallen und ganze Dörfer aufkaufen. Das kann ich mir vorstellen, für mein Dorf aber nicht bestätigen. Hier betrachtet man Berliner nicht mit Furcht, sondern mit einer Mischung aus Mitleid und Befremden. Die Leute erkennen uns sofort: an den alten Autos, der dunklen, merkwürdig uniformen Kleidung – und der Zielsicherheit, mit der wir uns für Häuser begeistern, die sie nicht geschenkt nähmen. Berliner kaufen die alte Feuerwache, obwohl man dort im Winter den Spritzenturm mitheizen muss; eine Scheune, in der noch nie ein Mensch gewohnt hat; den maroden Aussiedlerhof mit dem einsturzgefährdeten Dach.

Wir haben ein Jahr lang mit einer in Bayern lebenden Frau über den Kauf des Häuschens in der Dorfmitte verhandelt, das sie nach der Wende fluchtartig verlassen und nie mehr betreten hatte. Als wir einen ortsansässigen Maurer fragten, wo er mit der Renovierung beginnen würde, hat der bloß gelacht. »Ick würde da mit dem großen Bagger drüberfahren, und jut is.« Als mein Mann mit ihm über die Vorzüge der Lehmbauweise diskutieren wollte, suchte er ratlos das Weite.

Hinter unserem Rücken nannte man uns anfangs »Buletten«. Das war nie bös gemeint, wies uns aber recht unmissverständlich einen Platz am unteren Ende der Hierarchie zu. Wir waren die Leute, die man anstarren durfte, aber nicht zwangsläufig grüßen musste. Trotzdem standen wir ständig unter Beobachtung. Gehen die auch zum Dorffest, in die Kneipe, zum Fleischwagen? Wie oft mähen die den Rasen vor dem Haus? Und schaffen die es irgendwann, ohne Aufforderung auch die Straße zu fegen? Einmal im Jahr ist das doch nicht zu viel verlangt!

Ich kann das Dorf verstehen. Es wollte wissen, ob wir es ernst meinen. Nachdem wir unserem kaputten Häuschen ein neues, nach örtlichen Kriterien wahrscheinlich nur mäßig gelungenes Dachgeschoss verpasst hatten, hat sich die Lage dann auch erst mal entspannt. Plötzlich wusste man, wie wir heißen. Und man sprach uns auch gerne an: »So viele Fenster!« Oder: »Sie machen es sich ja wirklich schön.« Aber für sein Standing im Dorf muss man ständig was tun. Und weil wir dieses Jahr mit dem Mähen überhaupt nicht hinterhergekommen sind, wäre die Stimmung fast wieder gekippt. Dann sorgte eine gigantische Kürbispflanze auf meinem alten Kompost für einen unerwarteten Statusgewinn. So viel Wachstum hätte mir hier keiner zugetraut.

Kürbis auf dem Kompost ist ein Klassiker. Viele machen das. Genauso viele raten davon ob, weil der Kürbis den Kompost auslaugt und der, wenn man ihn dann ins Beet harkt, nur noch wenige Nährstoffe hat. Aber ich wollte es halt mal probieren und habe ein winziges, auf der Fensterbank vorgezogenes Pflänzchen noch vor den Eisheiligen in den Kompost gesetzt und dann vergessen. Die Bekannte, die auf unserer Wiese gelegentlich ihre Pferde weidet, hat als Erste gesehen, was daraus geworden ist: ein 30 Quadratmeter umfassender Blätterteppich, unter dem sicher 20 gelb-orangefarbene Gartenkürbisse wachsen. Einfach so.

Die Pferdewirtin also stand eines Nachmittags bei mir in der Tür und sagte, dass sich bei ihr für den Abend zehn Leute zum Essen angekündigt hätten. Ob sie nicht einen dieser tollen Kürbisse haben könne? Für die Suppe. »Gerne. Aber ist der denn schon reif?« Der gewöhnliche Gartenkürbis schmecke am besten, bevor er völlig reif sei, erklärte sie mir. »Frisch ist er noch nicht muffig.«

Dann ging es los. Ich bekam Besuch von der ehrenamtlichen Küsterin, die von der Pferdewirtin, die im Nebenberuf auch noch die Organistin der örtlichen Kirchengemeinde ist, von meinem Kürbis erfahren hatte und mir erzählte, dass ihre dieses Jahr leider nichts geworden seien. Ob ich ihr keinen spendieren könne, gerne einen großen. Auch für die Suppe. »Den Rest friere ich mir dann ein.« Ein paar Tage später berichtete sie mir, dass die Kürbisse von Frau Soundso diesen Sommer auch schwächelten, weshalb die sich sicher auch freuen würde, wenn ich ihr einen vorbeibrächte. Und als vergangenes Wochenende dieser Kerl im fetten schwarzen Jeep vorfuhr und sagte: »Ick hab jehört, hier jibtet Kürbis«, wusste ich: Die Zeit, in der man uns mitleidig Gemüse über den Gartenzaun gereicht hat, ist vorbei.

Jeder, der uns in den vergangenen Wochen besucht hat, konnte einen Kürbis mit nach Hause nehmen. Auch die Biogärtnerin meines Vertrauens. Sie hat mich vorher sogar damit fotografiert. Das war mir etwas unangenehm, weil ich es mir ja schon recht einfach gemacht, also gar nicht erst mit Feinschmeckersorten wie Futsu, Hokkaido oder Patisson versucht hatte. Und mich dann auch gar nicht kümmerte. Aber die Gärtnerin fand, das sei halt manchmal so. »Du kümmerst dich ja um genug Dinge, die dann trotzdem nichts werden.« Da hat sie natürlich recht.

Gewöhnlicher Gartenkürbis übrigens schmeckt auch frisch nur so lala lecker. Aber das tut hier nichts zur Sache.

Was jetzt dran ist

Einfach mal versuchen, Rosmarin zu vermehren: Die frischen Spitzen abschneiden und in Erde setzen, gut feucht halten.

Frühblüher

Mit der Erfindung der Landwirtschaft, schreibt der Historiker Yuval Noah Harari, sei das Unglück über die Menschen gekommen. Denn mit der Landwirtschaft kam die Sesshaftigkeit und mit der Sesshaftigkeit alles, was das Leben so mühsam macht: die sozialen Hierarchien, der Handel, die Angst vor der Zukunft, die im Sommer eine Angst vor dem Winter war (Reichen die Vorräte?) und im Winter eine Angst vor dem Sommer (Werden wir genug anbauen, damit die Vorräte reichen?). Etwas verkürzt könnte man sagen: Mit der Erfindung der Landwirtschaft wurden aus freien Sammlern und Jägern Sklaven der Jahreszeiten.

Gärtner sind das bis heute geblieben. Obwohl fast alles immer verfügbar ist, leben sie gern in der Angst, zu früh oder zu spät dran zu sein. Schon im späten Winter wollen sie unbedingt säen, aber das geht erst mal nur auf der Fensterbank. Im frühen Frühjahr können die Setzlinge raus, aber nur die unempfindlichen. Heiklere Gewächse wie Kürbisse, Tomaten und einige Wicken dürfen erst nach den Eisheiligen ins freie Feld, dann kann es aber immer noch passieren, dass ihnen die Schafskälte den Garaus macht. Wartet man bis nach der Schafskälte, wird es für langsam wachsende Sorten schon wieder knapp. Und so geht das bis zum Ende des Sommers.

Dann kommt der Herbst, die Ernte ist eingefahren, die Blumen verblühen auch ohne Hilfe ganz vorbildlich, und ich habe jetzt erst mal keine Lust mehr. Ich möchte in der großen Stadt sein oder an einem anderen Ort, der nach Sonnenuntergang nicht sofort stirbt. Doch leider müssen auf dem Dorf die alten Bäume beschnitten und neue Bäume gepflanzt werden. Noch ein Staudenbeet wäre schön, mehr Hortensien und Rosen sollten her. Aber hey, denke ich mir, der Winter ist lang, und alles, was ich jetzt nicht schaffe, kann ich an jedem frostfreien Tag bis mindestens Februar nachholen. Eine Herbstaufgabe jedoch duldet keine Prokrastination: das Setzen von Blumenzwiebeln und Knollen. Muss bis Ende November passiert sein. Sonst fragt man sich in ein paar Monaten: Wo sind denn die Anemonen, Krokusse und Narzissen?

Natürlich haben Sie in den vergangenen Jahren immer wieder fleißig Frühblüher verbuddelt, aber

ich wette: Es waren nicht genug. Ehernes Frühblü-
hergesetz: Es sind nie genug. Um Frühling zu
behaupten, wo noch kein Frühling ist, müssen sie
dichten Blütenteppich ins Winterbraun weben, die
Gehölzränder einbetten und Baumstämme umwu-
chern. Es ist deshalb der blanke Hohn, dass manche
Baumschulen Zwiebeln und Knollen in Zehner-Beu-
teln anbieten. Seriöse Fachbetriebe empfehlen etwa
30 bis 50 Stück pro Quadratmeter, das heißt, will
man einen 500 Quadratmeter großen Garten irgendwann auch nur zur Hälfte voller Frühblüher haben,
braucht man etwa 10 000.

Mein Garten ist noch ein bisschen größer, und die
gar nicht so wenigen Narzissen, die ich hier in den
vergangenen Jahren gesetzt habe, stehen im April
noch immer ungelenk herum wie Gäste, die viel zu
früh auf einer Party erschienen sind und jetzt nicht
wissen, was sie da sollen. Leider sind sie auch wirklich sehr gelb. Blau muss also her, Violett und ganz
viel Weiß, eher kleine Blumen, um den Teppich-
Eindruck zu verstärken, aber keine Schneeglöckchen. Die sind zu unscheinbar, finde ich.

Für Februar hoffe ich auf Sibirische Blausterne.
Die sehen ein bisschen aus wie Schneeglöckchen,

haben aber die Farbe von zerlaufener Tinte. Im März dann auf Buschwindröschen (Kindheitserinnerung, gibt es als Anemone blanda auch in Blau) und Frühlingssterne und Puschkinien. Die sind alle drei winzig, aber hier kommen sehr viele sternförmige Blüten auf sehr wenig Grün. Außerdem senken sie nicht gschamig die Köpfe, sondern haben diesen offenen, herausfordernden Blick, den ich auch an Krokussen sehr mag. Insgesamt habe ich mir für diesen Herbst 300 Zwiebeln und Knollen vorgenommen. In der Nachbarschaft finden sie es ein bisschen oldschool, dass ich die Löcher mit einem Ausstecher mache. Ortsüblich wäre inzwischen ein Akkuschrauber mit Lochfräsenaufsatz.

Das ist mir aber zu laut und würde mich aus der erhabenen Stimmung reißen, die mich so ab Nummer 97 dann doch erfasst. Der Rücken schmerzt, die Hose geht an den Knien gleich durch. Macht nichts. Frühblüher setzt man nicht zum Spaß und auch nicht für einen Sommer. Frühblüher sind für die Ewigkeit. Bei Nummer 117 fängt es an zu regnen, und niemand hält mir einen Schirm. Macht auch nichts. Frühblüher sind das Gedächtnis des Gartens. Wenn die Wühlmaus sie nicht frisst, vermehren sie sich ohne mein Zutun und sind noch da, wenn wir und unsere Bäume längst tot sind. Bange Frage bei Nummer 253: Und wenn die Wühlmaus sie frisst? Bange Antwort bei Nummer 255: Dann sitzt du im kommenden Herbst wieder hier. Du musst dir Sisyphos als glücklichen Gärtner vorstellen.

Also schnell noch die letzten Tüten und Säcke aufreißen, den Inhalt über die Wiese rollen und dort eingraben, wo er liegen bleibt. Sieht hinterher am besten aus, sagt die Baumschule, wobei man bei Krokussen ruhig drei Knollen in ein Loch geben dürfe. So entstehen schon im ersten Jahr hübsche Tuffs, die sonst erst nach ein paar Jahren auftauchen, wenn die Mutterknolle ihre Brutknollen bilden kann, bevor die Wühlmaus … – aber lassen wir das. Die Wühlmaus kann mich mal.

Was jetzt dran ist

Geduldsübung für Oktober: Tomatensamen trocknen. Dazu die Samen reifer Früchte in Wasser quellen lassen, bis sie zu Boden sinken, in ein Sieb geben und mit hartem Strahl die Glibberschicht abspülen, auf Zeitungspapier trocknen.

Rosen

Mein Gemüsebeet muss umziehen, weil es an einem Zaun liegt, den die Nachbarn unlängst mit Altöl gestrichen haben. Zuerst haben wir uns, typisch Berliner, natürlich wahnsinnig aufgeregt. Dann erklärte der Nachbar, dass schon seine Eltern und Großeltern ihre Zäune mit Altöl gestrichen hätten, und wir beschlossen, uns dieser lokalen Tradition zu beugen. Für die Wetterfestigkeit von Holz soll es einfach nichts Besseres geben. Aber Gemüse wollen wir, Brauchtumspflege hin oder her, an dem Öl-Zaun trotzdem nicht mehr ziehen. Rosen wären schön, finden wir. Aber mit Rosen ist es ein bisschen wie mit dem Altöl: Obwohl es für die Prächtigkeit von Gärten nichts Besseres gibt, sind sie in den vergangenen Jahren ziemlich in Verruf geraten.

Jahrhundertelang haben Züchter ihre ganze Kreativität darauf verschwendet, aus den ursprünglich nur fünf Blütenblättern der Wildrose einen riesigen Dutt aus farbenfrohen, elegant ineinandergedrehten Kronblättern herauszumendeln. Der Preis: Die prächtigen Sorten mit dicht gefüllten Blüten haben weder Blütenstaub noch Nektar. Sie sind, man muss es so drastisch sagen, eher gut riechende Zombies als Blumen. In der Vase ist das kein Problem, aber im Garten treiben sie Bienen und Schmetterlinge in den Wahnsinn. Vom Rosenduft angelockt, wühlen die Tiere verzweifelt in den Blättern herum, finden aber nichts zum Sammeln und werden aggressiv, zumindest die Bienen. Heimische Wildrosen jedoch finde ich als Alternative auch schwierig. Ihre nachweislich insektenfreundlichen Blüten sind in der Regel so unscheinbar, dass man sie von Weitem überhaupt nicht sieht.

Ich suche also nach Rosen mit hohen Ranken, vielen Blüten und sonnengelben Staubblättern. Und die muss es geben. Auf dem Rosenmarkt zeigt der Kapitalismus, was er kann: Es gibt alles in zigfacher Ausführung und in jeder nur denkbaren Preisklasse: klassische Kletterrosen, historische Rosen, Englische Rosen, Ramblerrosen, Beetrosen, Strauchrosen und so weiter. Die historischen Rosen stammen aus der Zeit vor der Erfindung der Edelrose, haben aber oft auch schon keine Staubblätter mehr. Das gilt genauso für viele Englische Rosen, die allerdings eine besonders schöne, dezente Tönung aufweisen. Ramblerrosen präsentieren sich im Juni mit unendlich vielen kleinen Blüten, blühen aber meist nur ein Mal. Beetrosen gelten als robust, werden aber leider nicht besonders hoch. Die Farbpalette reicht von Dunkelrot über alle Schattierungen von Rosa, Fraise, Orange, Ocker, Mauve, Creme bis Weiß. Obwohl ich fest entschlossen bin, nur Rosen mit maximal halb gefüllten Blüten in halbwegs natürlichen Farben zu pflanzen, bleiben immer noch gefühlte 2000 Möglichkeiten. Hilfe!

Als ich kurz davor bin, mir eine Exceltabelle mit den Pros und Cons anzulegen, stoße ich auf einen fast 60 Jahre alten Text von Vita Sackville-West. Darin beschreibt die berühmte Kolumnistin des *Observer* eine Rose, mit der die Amerikaner in den späten Fünfzigerjahren begannen, die Ränder der wichtigsten Landstraßen und die Mittelstreifen vieler Autobahnen zu bepflanzen: Rosa Multiflora. Angeblich ist sie so starkwüchsig und robust, dass sie einen Anderthalbtonner abbremst, der in hohem Tempo von der Straße abkommt. Sackville-West war sehr fasziniert von der Beschreibung in dem amerikanischen Pflanzenkatalog, der ihr damals vorlag:

»Pferdhoch, bullenstark, ziegendicht, dick und grausam genug, um jegliche Art von umherstreunendem Vieh auszusperren.« Was mir viel interessanter vorkommt: Die ursprünglich aus Japan stammende Multiflora blüht stärker als jede andere Wildrose. Ihre kleinen, strahlenden Blüten erscheinen ab Juni in gigantischen Rispen, unter deren Gewicht sich die vielen dünnen Zweige anmutig biegen. Und sie ist, wie ich herausgefunden habe, überhaupt kein Geheimtipp mehr.

Die Rosa Multiflora, bereits 1784 von dem schwedischen Botaniker Carl Peter Thunberg so benannt, hatte man zu Sackville-Wests Zeiten bloß wieder vergessen. Seitdem immer mehr Gärtner nach natürlichen Sorten verlangen, benutzen Züchter sie wieder gerne als Unterlage für ihre Züchtungen. Auch alte Multiflora-Hybriden sind wieder im Handel. Besonders schön: Maria Lisa, weiße Blüten mit einem rosaroten Rand und dottergelben Staubgefäßen; ein Augustinermönch übergab sie schon in den Zwanzigerjahren dem Rosarium von Sangerhausen. Oder die rüschige Ghislaine de Feligonde aus dem Jahr 1916. Und weil die alle nicht besonders teuer sind, die Urform gibt es schon ab fünf Euro das Stück, konnte ich mehr bestellen, als ich vorhatte.

Jetzt liegt in meinem Garten ein Haufen wurzel-nacktes Elend, und ich mache, was alle Gärtner im Herbst machen: ganz fest die Augen schließen und sich einreden, dass es in ein paar Monaten wieder Sommer wird, obwohl gerade wirklich nichts darauf hindeutet.

Was jetzt dran ist

Im Oktober Laub fegen und am Grundstücksrand in großen Haufen sammeln, damit die Igel dort überwintern können. Schneckengelege ausheben.

Bäume beschneiden

Ein Garten, in dem die Bäume nicht ordentlich beschnitten sind, wirkt auf viele Leute wie eine Wohnung mit einem verdreckten Bad. Sie denken: Entweder die Bewohner haben ihr Leben nicht im Griff, oder ihnen ist alles egal. Aber niemand würde auf die Idee kommen, den prekären Zustand eines Badezimmers auch nur zur erwähnen. Im Garten darf man das. Im Garten darf jeder sagen, was er denkt. Und Gärtner denken selten gut über andere Gärtner. »So wird das nichts« ist eine gängige Begrüßung. Auch an Sätze wie »Diese Hortensie ist nächstes Jahr tot« habe ich mich gewöhnt. Die Missbilligung aber, mit der Besucher meinen uralten, nicht gerade nach Lehrbuch gewachsenen Obstbäumen begegnen, verstört mich immer wieder.

Einmal schaute einer, den wir gar nicht besonders gut kennen, zwei Sekunden lang auf einen verwachsenen Apfelbaum, dann sagte er: »Wenn ich wiederkomme, ist die Krone so licht, dass man einen Ball durchwerfen kann.« Ein anderes Mal griff ein

Verwandter in meiner Abwesenheit ungefragt zur Säge. Angeblich weil er fürchtete, von einem morschen Ast erschlagen zu werden. Doch das glaube ich nicht. Ich glaube, es geht hier um etwas Grundsätzliches.

Ein Garten ist ein merkwürdiger Grenzbereich, in dem viele bürgerliche Routinen nicht greifen. Er ist privat, aber nicht durch vier Wände abgeschlossen, deshalb auch ein bisschen öffentlich. Er ist Natur, aber total domestiziert und deshalb auch Kultur oder irgendwas zwischen beiden Sphären. Und es gibt verschiedene Arten, sich zu diesem Dazwischen zu verhalten. Gärtner, die länger dabei sind als ich, betrachten sich eher als Zuchtmeister der Natur. Sie wollen ihr ständig Einhalt gebieten und unterstellen mir, nicht mit dem gebotenen Ernst bei der Sache zu sein. Das ist natürlich Quatsch. Ich bin mit großem Ernst bei der Sache, aber ich habe kein Vertrauen in die schwarze Gartenpädagogik. Meine Methode ist eher manipulativ: Ich versuche herauszufinden, was ich machen muss, damit bei mir Pflanzen wachsen, die dazu eigentlich keine Lust haben.

Deshalb habe ich auch gar kein Problem damit, die jungen Bäume, die ich selbst gepflanzt habe, im Herbst oder Frühjahr radikal zu beschneiden. Jeder Schnitt setzt einen Wachstumsimpuls, er macht die Äste dicker und fördert die Herausbildung neuer Zweige. Also die einjährigen Triebe um mindestens ein Drittel kürzen, alle Zweige und Ästchen, die einander im Weg stehen, abschneiden. So wird der Baum groß und stark und bekommt mit der Zeit eine luftige, lichtdurchflutete Krone.

Bei den alten Bäumen habe ich mich das lange nicht getraut. Mein liebster Apfelbaum (große, rote, süß-saure Früchte, keine Ahnung, welche Sorte) ist älter als ich, er hat den Mauerbau erlebt, in den harten Jahren der Mangelwirtschaft meine Vorgänger tapfer mit Vitamin C versorgt und sich dann ein bisschen gehen lassen. Viel halb totes Holz, armdicke Wassertriebe, die den Baum Kraft kosten, ohne jemals einen Apfel zu tragen, ineinander verschlungene Äste, die sich gegenseitig die Früchte runterstupsen. Sobald ein leichter Wind ging, ächzte es bedrohlich in seinem Gehölz. Doch wer war ich, diesem eigenwilligen Naturereignis mit einer finnischen Designersäge zu Leibe zu rücken? Und wo anfangen?

Es gibt genug Fachbücher und Tutorials, die detailliert beschreiben, wie man gesunde Bäume beschneidet, aber ich habe nie eine Anleitung gefunden, die erklärt, wie man einen Baum pflegt, der aussieht, als wäre er aus einem Urwald eingewandert. Dann tauchte vor anderthalb Jahren ein alter Bekannter mit seiner neuen Frau bei uns auf, einer promovierten Gärtnerin, die lange in Florida geforscht hatte. Sie sah meinen Baum und blieb wider Erwarten ganz ruhig. Sie sagte auch nichts von »Erziehungsschnitt«, dem Lieblingswort deutscher Gärtner. Sie sagte: »Toller Baum, trägt der noch?« Ja, ordentlich sogar. »Dann musst du ihm helfen, allein schafft er das nicht mehr lange.«

Und das wäre mein Rat an alle, die an ihren alten Bäumen verzweifeln: Suchen Sie sich eine Hilfe mit transatlantischem Migrationshintergrund. Denn mit Leichtigkeit und Pragmatismus ist es plötzlich ganz einfach. Die Gärtnerin aus dem *sunshine state* empfahl, in einem ersten Schritt alle Äste, die sich nach unten biegen, um die Hälfte zu kürzen. Das sind die Äste, die der Baum nicht mehr allein aufrichten kann und die ihn deshalb besonders viel Kraft kosten. Hat bei meinem zwei Nachmittage gedauert und genug

Holz für ein ordentliches Osterfeuer gebracht. Im Herbst haben wir dann alle Zweige, die einander berührten, aus der Krone geschnitten. Das waren noch mal zwei Nachmittage und ein großes Feuer. Jetzt sind die anderen Bäume dran, einer nach dem anderen, Schritt für Schritt. In ein paar Jahren wird man Bälle durch ihre frisierten Kronen werfen können, allerdings nur Tennisbälle. Der Gärtnerin aus Florida reicht das, und mir natürlich auch.

Was jetzt dran ist

Im November, ehe es friert, empfindliche Pflanzen (Rosen, Rosmarin) mit Jute ummanteln, Beete und Kompost mit Mulch abdecken.

Christrosen

Es hat sich eingeschlichen, dass ich mich in dieser Kolumne gelegentlich als Gärtnerin bezeichne. Am Anfang habe ich noch Hobbygärtnerin oder Freizeitgärtnerin geschrieben, aber das kam mir irgendwann zu trutschig vor, weshalb ich mich einfach zur Fachfrau hochgestapelt habe. Das ist nicht verboten. Gärtner ist in Deutschland keine geschützte Berufsbezeichnung, jeder, der einmal was gepflanzt hat, darf sich so nennen, muss aber damit rechnen, dass richtige hauptberufliche Gärtner sich dadurch gekränkt fühlen.

Eine Leserin, Ausbildung in einem Gartenbaubetrieb und abgeschlossenes Studium in Landschaftsarchitektur, hat mich nun gebeten, auf ihre Gefühle Rücksicht zu nehmen und künftig die Selbstbeschreibung »Mensch, der sich im Garten aufhält« zu wählen. Ein Vorschlag, dem ich gerne nachkomme. Um ein bisschen Platz zu schinden, schlage ich eine Abkürzung vor: MDSIGA. Klingt anfangs vielleicht sperrig, aber an

BIPoC und LGBTIQ hat man sich seinerzeit auch gewöhnt.

MDSIGA sind in der Regel fröhliche Dilettanten, die nicht ganz so leichtfertig und planlos vorgehen, wie ausgebildete Gärtner bisweilen denken. Sie suchen überall nach Ideen, holen Ratschläge ein, lesen viel und versuchen, so wenige Fehler zu machen wie möglich. Aber für sie ist das Gärtnern auch immer ein Spiel. Manchmal versuchen sie Dinge, die eigentlich nicht funktionieren können, und freuen sich wie die Kinder, wenn sie es doch tun.

So habe ich vor Jahren Christrosen zu den Rosen hinterm Haus gepflanzt. Nicht weil ich dachte, Rosen und Christrosen seien enge Verwandte, die zueinandergehören. Mir war klar, dass Christrosen (offiziell: Helleborus niger) einen eher trockenen, alkalischen Boden brauchen, während Rosen (in diesem Fall Ramblerrosen und eine aprikosenfarbene Abraham Darby) es gerne feucht haben und Kalk nicht sonderlich mögen. Aber ich fand, die beiden sind so ein guter Match, dass ich es wagen wollte.

Rosen sind im Sommer schön und im Winter hässlich – und bei Christrosen ist es genau umgekehrt.
Sie sind im Sommer sogar so hässlich, dass man
versucht ist, ihnen mit einer Harke den Garaus zu
machen: ein unansehnlicher Haufen aus dunkel-
grünen Blättern, die man ohne Brille auch für Unkraut halten könnte. Erst im November erwachsen
diesem hässlichen Blätterhaufen fleischige Stängel
mit weiß-grünen Knospen, die um den dritten, vier-
ten Advent herum dann so heftig erblühen, als
müssten sie ein sommerliches Blütenmeer nieder-
konkurrieren.

Dutzende weiße Sterne mit filigranen goldgelben
Staubgefäßen öffnen sich an jeder einzelnen Pflanze, was die Menschen seit Jahrtausenden zu den ab-
sonderlichsten Theorien verleitet. Eine Blume, die
winters heftig blüht, muss Wunderkräfte besitzen,
fanden die Römer und empfahlen sie trotz ihrer
Giftigkeit als Heilmittel gegen den Wahnsinn. Die
Bauern des Mittelalters haben damit Orakel gelegt
und die Romantiker in schwülstigen Gedichten ihre
vermeintliche Keuschheit besungen. Auch ich frage
mich: Warum legen die sich ausgerechnet jetzt der-
maßen ins Zeug?

Nicht, um mir eine Freude zu machen, so viel ist klar. Der Mensch ist der Natur bekanntlich völlig egal, auch wenn er sich gerne im Garten aufhält. Alles, was die Natur macht, macht sie, um irgendwie durchzukommen. Und vom Durchkommen versteht dieses »Kind des Mondes« (Eduard Mörike) einiges. Bei der Gärtnerei Geywitz, einem Spezialbetrieb für Christrosen, erfahre ich, dass sie die letzte Eiszeit überlebt haben durch die Fähigkeit, bei Frost ihren Zellen Wasser zu entziehen und es in die Wurzel umzuleiten, weshalb ein normaler Winter ihnen wenig ausmacht. Im Tauwetter vor 10 000 Jahren sollen sie sich von Südostasien bis in die Alpen verbreitet haben. So erreichten sie unsere Gärten und Blumenkästen, wo wir ihnen noch bis März beim Überlebenskampf zuschauen können.

Während manch einer Sommerblume ein einziger Tag reicht, um genug Nachkommen in die Welt zu setzen, verausgabt sich die Christrose über Monate, um die Wahrscheinlichkeit zu erhöhen, dass irgendwann doch noch ein Insekt zur Bestäubung vorbeikommt. Für den Fall, dass das nicht geschieht, befruchtet sie sich den Winter über regelmäßig selbst. Das klingt vernünftig, aber auch ein bisschen

unromantisch. Als MDSIGA liebe ich meine Christrosen für ihr ausdauerndes winterliches Braut-
gewand, ganz gleich, welchen geheimen Plan die
Evolution damit verfolgt.

Was jetzt dran ist

An milden Dezembertagen kann man immer noch
Spinat aussäen – und dieses senfscharfe Blattgemüse
namens »Grün im Schnee«.

Bienenweide

Im Sommer sitze ich manchmal auf dem Trepp-chen hinterm Haus und bin knallestolz, wie laut es um mich herum brummt. An anderen Orten mag das Land verstummt sein. Dort hört man keine Insekten mehr, weil die industrielle Landwirtschaft ihren Lebensraum kaputt gedüngt und gespritzt hat. Auch Gärten, in denen nichts blüht, sind meistens still. Aber bei mir, ha, ist die Welt noch in Ordnung! Dachte ich zumindest, bis mir kürzlich ein engagier-ter Naturgärtner den Kopf wusch.

Der Naturgärtner hat sich gemeldet, weil ihn störte, dass ich Leute, die Wert darauf legen, in ihrem Garten ausschließlich regionale Pflanzen zu haben, als »Gartennazis« beschimpft habe. Das nährte bei ihm den Verdacht, ich sei eine fanatische Chemie-gärtnerin, der jedes Mittel recht ist. Aber ich schwör's: Ich habe noch nie irgendwelches Gift ge-spritzt und mich von jeder Form von Kunstdünger ferngehalten. Doch das allein ist wohl kein Grund, sich als Artenschützerin aufzuspielen.

Denn Biene ist nicht gleich Biene. Und nach allem, was der Naturgärtner über meinen Garten gelesen hat, geht er davon aus, dass dort vor allem Honigbienen Krach schlagen – und die seien keineswegs vom Aussterben bedroht. Solange es Imker gebe, werde es Honigbienen geben. Auch auf Hummeln dürfe man sich nichts einbilden. Die seien Allesfresserinnen und kämen sogar mit den Pollen der exotischsten Baumarktpflanzen klar.

Es sei erschütternd, wie groß das Unwissen auch bei denen sei, die es eigentlich gut meinten, klagt der Naturgärtner. So entgehe den meisten Leuten, dass in den handelsüblichen »Bienenweiden«-Samenmischungen ausgerechnet die Samen der Pflanzen fehlen, die es in der freien Natur mittlerweile am schwersten haben. Und diese Pflanzen bieten Lebensraum für Arten, die dem Naturgärtner besonders am Herzen liegen.

Die Glockenblumen-Scherenbiene beispielsweise braucht die Rundblättrige Glockenblume, auch weil die Männchen nachts darin schlafen. Die schwarze Reseden-Maskenbiene stirbt aus, wenn die letzten

Reseden verschwinden. Und weil die Rundblättrige Glockenblume eine ausgesprochen schöne, zarte Pflanze mit vielen kleinen violettblauen Schellen ist und die krautige, etwa 30 Zentimeter hohe grüngelb blühende Resede durchaus etwas hermacht, spräche theoretisch nichts dagegen, sie im Frühjahr in ein Beet zu pflanzen.

Es ist nur nicht so einfach. Denn für Wildkräuter, die mehrheitlich einen eher trockenen, mageren Boden brauchen, ist ein ausschließlich mit Kompost und Pferdemist gedüngtes Beet nicht einladender als der Rain einer heillos überdüngten Energiemais-Steppe.

Naturgärtner machen deshalb erst mal Tabula rasa. Wilde, anspruchslose Heckenpflanzen wie Sand-rosen, Holunder und Schlehdorn dürfen bleiben, alle Zuchtpflanzen aber müssen weg. Dann wird der Mutterboden abgetragen und durch ein mageres Kies-Sand-Gemisch ersetzt. Im nächsten Schritt überlegt man sich, welchen Schmetterlingen, Käfern oder Spinnentieren man eine Heimat bieten will, und pflanzt und sät entsprechend.

Mir ist das zu radikal. Ich nenne den Naturgärtner einen Fundamentalisten, der eine jahrtausendealte Gartenkultur rückgängig machen will, und werfe ihm Doppelmoral vor: »Die Tomaten, die Sie im Biomarkt kaufen, wachsen auch nicht auf Unland!« Das überhört der Naturgärtner, der sein Geld als Banker in Frankfurt verdient, geflissentlich. Er redet jetzt mit mir wie mit einer schwierigen Kundin, die er zu einem ungewöhnlichen Investment überreden will. Jeder Garten habe Stellen, an denen der Boden so schlecht sei, dass angeblich nichts wachse, sagt er. »Vielleicht fangen Sie dort mit einem Naturgarten an?« Und schon hat er mich im Sack.

Ich habe viele solcher Stellen. Am schlimmsten ist es rund um den Geröllhaufen hinter dem Haus. Gut möglich, dass Reseden und Glockenblumen sich dort wohlfühlen. Auf der Internetseite des Nabu entdecke ich weitere gefährdete Arten, die in meinem von Natur aus eher sandigen Garten gute Chancen hätten: die Kornrade (interessante violette Blüten) oder der Ackerrittersporn (winzige dunkelblaue Blüten). Auch toll: die Wilde Möhre, deren filigrane weiße Blütenfächer einer ganzen Horde von Insekten als Nahrung dienen.

Da viele Wildkräuter zweijährig sind und erst im zweiten Jahr blühen, empfehlen die Gärtnereien ein zweistufiges Verfahren: Der Teil der Pflanzen, der schon im kommenden Frühjahr blühen soll, wird als vorgezogene Topfware bestellt, die Pflanzen fürs kommende Jahr werden im zeitigen Frühjahr zusammen mit den Einjährigen ausgesät. Und ich finde, das klingt nach einem guten Neujahrsvorsatz: Die Wildbienen kriegen eine Heimat, und ich bekomme zumindest ein Beet, das ich niemals werde düngen müssen.

Was jetzt dran ist

Erdbeeren kommen besser durch den Frost, wenn man nur das Herz stehen lässt, alle alten Blätter entfernt und den Wurzelbereich mit Stroh abdeckt.

Bäume verjüngen

Wenn der Schnee weg und der Boden nicht mehr gefroren ist, kann man wieder Bäume pflanzen; und das sollte man unbedingt tun, falls man sich dieser Aufgabe gewachsen fühlt. Es gibt Leute, die sagen, einen Baum zu pflanzen sei das Größte, was man im Garten machen kann. Ich finde: Es ist das Schwerste.

Ich fühle mich zwar immer sehr erwachsen, wenn ich ein neues Bäumchen in sein Pflanzloch gesetzt und mit gutem Boden versorgt habe. Doch bereits ein Jahr später bin ich enttäuscht wie ein kleines Kind, wenn ich sehe, wie wenig es nur gewachsen ist. Zuletzt waren es bei der Birke drei Zentimeter, bei der Walnuss zwei und bei den Vogelbeeren vielleicht fünf. Wer mit 50 einen Baum pflanzt, weiß, dass wohl erst die Kinder in seinem Schatten sitzen werden, und das auch nur, wenn sie nicht irgendwann wieder alles zu Kleinholz machen. Ein Baum sagt: Das Leben geht auch ohne dich weiter.

Meine Kirschbäume, zwei Hochstämme, alte Sorten, vor drei Jahren gepflanzt, wollen mir etwas anderes sagen. Ich verstehe nur nicht genau, was. Sie blühen im Frühjahr ein bisschen, sie bekommen ein paar Blätter, doch wenn ich im Sommer nicht permanent mit der Gießkanne danebenstehe, werfen sie schon im August die Blätter ab. Und das war's dann bis April. Gewachsen sind sie bisher keinen Millimeter. Die Nachbarn trösten: Hab Geduld, wenn die erst mal richtig verwurzelt sind, schießen sie dir in den Himmel. Vielleicht haben die Nachbarn recht. Oder sie wollen nur nett sein. Ich fürchte, Letzteres.

Manchmal denke ich, dass wir einfach zu spät dran sind, dass die Zeit für einen mitteleuropäischen Obstgarten in Brandenburg gerade vorbeigeht. Die Sommer sind zu heiß, der Boden ist zu trocken und der Grundwasserspiegel so tief abgesunken, dass da kein junger, durstiger Baum mehr herankommt. Meine altersschwachen, vom Vorbesitzer übernommenen Apfel-, Pflaumen- und Birnbäume könnten die letzten gewesen sein, die es hier geschafft haben. Und was kommt danach?

Mit dieser düsteren Vision überfalle ich Frank eines Sonntags in seinem schönen alten Forsthaus. Wir haben uns verabredet, weil er das gleiche Problem hat wie ich: Die Obstbäume wachsen nicht gut. Er hat allerdings keine Kinder bei Fridays for Future und findet meinen Alarmismus völlig übertrieben. Für die meisten Misserfolge im Garten gebe es simplere Erklärungen als die drohende Versteppung. Ihm zum Beispiel ist aufgefallen, dass seine Obstbäume sehr wenig Licht bekommen. Darum hat er die Tannen gefällt, die ihnen in der Sonne standen. Vielleicht hilft es. Und falls nicht, sei er inzwischen auch entspannt.

Frank hat vor ein paar Jahren angefangen, die alten Bäume, die auch bei ihm stattlich sind, aber keine guten Früchte mehr tragen, zu verjüngen, indem er ihnen frische Zweige, sogenannte Edelreiser, auf-pfropft. So erspart er seinem Wunschbaum das Wachsen und sich selbst das Warten. Denn wenn's gut läuft, ziehen die jungen Zweige aus dem alten, ordentlich verwurzelten Stamm genug Energie, um binnen weniger Jahre zu ansehnlichen Ästen heran-zuwachsen, die ordentliches Obst abwerfen.

In seiner Kurzfassung klingt das Verfahren nicht besonders kompliziert: am alten Baum einen Ast etwa mittig kappen, die Schnittstelle glatt sägen, ohne die Rinde rundherum einzureißen, die Rinde dann senkrecht einschneiden und in diesen Schlitz den neuen Zweig stecken, der vorher noch schräg angeschnitten wird. Schließlich das Ganze mit Bast ummanteln, damit der Zweig anwachsen kann.

Allerdings ist Frank Geigenbauer; und wenn er sagt, man müsse schon recht präzise vorgehen, sollten feinmotorisch weniger trainierte Leute während der Arbeit sicherheitshalber ein Erklärvideo laufen lassen. Das Wichtigste ist aber wohl: die Edelreiser vom Baum holen, bevor sie anfangen auszutreiben, am besten also jetzt, und dann bis April in ein feuchtes Tuch wickeln. Und: hinterher, beim Schrägschnitt, sehr sauberes, sehr scharfes Werkzeug verwenden. Frank benutzt ein desinfiziertes Gartenmesser. Einfacher geht es mit einem Okuliermesser, dessen Klinge nur einseitig geschliffen ist, weshalb man sehr feine, lange Längsschnitte machen kann, ohne zu tief ins Holz einzudringen. Diese Messer sind leider unverhältnismäßig teuer, aber man spart sich ja einen Baum. Mindestens.

Ich jedenfalls habe fest vor, einen sauren Klarapfel (schmeckt nur Pferden) mit Boskop zu veredeln und dem muffigen Winterapfel (schmeckt nur Vögeln) einen von Franks Cox-Orange-Zweigen unterzujubeln. Und falls mir zufällig jemand den Zweig einer Williams- Christ-Birne schenken möchte, wüsste ich auch, wohin damit.

Meine zwei Kirschen müssen allerdings weiterhin allein klarkommen. Der große, alte Kirschbaum vor dem Haus war schon tot, als wir vor fünf Jahren hier ankamen. Wir haben ihn verheizt.

Was jetzt dran ist

Im Januar Saatgut sortieren und nachbestellen. Gartenwerkzeug mit sehr heißem Wasser oder Alkohol reinigen. Hilft gegen Keime.

Frost

Ich habe in diesem Jahr zum ersten Mal im Leben meinen Winterurlaub auf dem Land verbracht und das war wirklich eine interessante Erfahrung. Die Skifahrerin in mir wollte gerne in die Berge, aber das ging dieses Jahr nicht. Die Gärtnerin wollte draußen im Dreck wühlen, aber das ging leider auch nicht. Mein Garten lag unter einer dicken Schneedecke begraben, und der Boden war so durchgefroren, dass ich einen Presslufthammer gebraucht hätte, um ihn zu bearbeiten.

Ich fand es deshalb nur mäßig lustig, dass meine, offensichtlich unabhängig von der Großwetterlage routinemäßig versendeten Garten-Newsletter mir weismachen wollen, jetzt sei der richtige Zeitpunkt, um Spinat und frühe Karotten ins Freiland zu säen. War es nicht. Es war auch der völlig falsche Zeitpunkt, um Bäume zu pflanzen oder ein neues Beet anzulegen, wie gelegentlich empfohlen wird. Eine dicke, unbedruckte Pappe auf die Grasnarbe legen, ordentlich Kompost drauf und schon können Sie loslegen? Gar nichts konnte ich, und mit dieser Erkenntnis war ich nicht allein.

Eine Bekannte, Gärtnerin mit Doktorhut und in einer sehr vornehmen Gärtnerei im Berliner Westen unter anderem für die Beratung zuständig, erzählt, dass der unstillbare Tatendurst ihrer Kunden sie gerade um ihre Winterpause bringt. Mitten im schönsten Flockdown saß auch sie 24/7 vor dem Rechner, um mit den Leuten Pläne zu schmieden, die sie erst mal nicht umsetzen konnten. Die Bekannte ist glücklich. Im Jahr eins nach Covid kommt ihre bisher eher aufs Repräsentative abonnierte Klientel mit Ideen, die sie noch vor einem Jahr als Öko-Schmarrn abgetan hätte: Die überzüchteten Ziersträucher sollen heimischen Wildobstgewächsen weichen, die blickdichten Thuja-Hecken durch Insekten- und Vogelnährhecken ersetzt werden. Meine Bekannte berät Leute, die auf einmal davon träumen, im Frühjahr endlich Hochbeete auf ihren Party-Terrassen anzulegen und hoch über dem noblen Ende vom Kurfürstendamm ihr eigenes Gemüse zu ziehen. Einer sagte ihr: »Ich habe keine Lust mehr auf meinen Spießerrasen.« Er will jetzt eine Bienenweide. Meine Bekannte glaubt: »Corona schickt der Himmel. Die

Menschen beginnen endlich umzudenken.« Oder sie wollen endlich mal was anderes sehen.

Ich zum Beispiel bin inzwischen so down to Ucker-mark, dass mir schon eine Party-Terrasse irgendwo in Grunewald wie der Inbegriff von Exotik vor-kommt. Ich war seit einem Jahr nicht im Ausland, ich habe keine Ahnung, wo meine Koffer sind und ob mein Reisepass noch Gültigkeit besitzt. Und wenn ich ehrlich bin, bin ich ganz froh, dass es immer noch zu kalt ist, um Karotten auszusäen. So habe ich Zeit, mich durch den Botanischen Garten von Palermo zu googeln und durch den Park von Giverny, im Sommer natürlich. Ich stelle fest, dass im New Yorker Central Park im Herbst offenbar ähnliche Astern wachsen wie bei mir und verbringe halbe Nächte vor den betörend schönen Filmen der chinesischen Garten- und Food-Bloggerin Li Ziqi.

Li Ziqi, die mit knapp 30 wieder auf dem Hof ihrer Großeltern in der Provinz Sichuan lebt, inszeniert für ein gigantisches Publikum (26 Millionen Follo-wer in den sozialen Medien Chinas und noch mal 11 Millionen auf Youtube) ein ländliches China, das es vermutlich nie gegeben hat, eine Welt ohne Härte, ohne Zeitdruck, ohne Maschinen. Ziqi macht alles mit der Hand. Sie fällt Bambus, um daraus eine Rankhilfe zu bauen, schneidet Kletterrosen ohne Handschuhe, schert ein bockiges Schaf mit einem Messer. Wenn Ziqi im bunten Seidenkleid Pilze sammeln geht, flicht sie vorher noch schnell einen Korb. Auch Bambussprossen zieht sie mit den bloßen Fingern aus dem Waldboden. Zu Hause werden sie geschält, geschnitten, getrocknet, im Tontopf mariniert und schließlich im gusseisernen Wok mit Gemüse und Hühnchen zu einem ansehnlichen Abendessen für ihre steinalte Großmutter verarbeitet. Ziqi schweigt, während sie leichtfüßig die schwersten Arbeiten erledigt. Man erfährt von ihrem Leben nur so viel wie eine Touristin, die in einer Reisegruppe durch ein Instagram-fähiges Dorf geführt wird. Mir reicht das für den Moment völlig.

Ich würde nur gerne machen, was ich auf Reisen immer tue: ein paar Ideen mitnehmen, ein paar Samen klauen. Die schrumpeligen grünen Flaschenkürbisse, die in ihren Bambusgestellen baumeln, haben es mir angetan. Ich mache Screenshots, die ich dann in eine Pflanzenbestimmungs-App eingebe. Offenbar handelt es sich um chinesischen Bitterkürbis. Sehr schwierig zu kultivieren und due to the actual situation leider auch nirgends lieferbar. Aber die schwarzen runden Kürbisse, die ich in Sichuan auch gesehen habe, gibt es: Es handelt sich um die japanische Sorte Futsu, die auch nicht leicht anzubauen ist, aber ich will es versuchen. Und da ich nun einmal dabei bin, suche ich weiter nach Gemüse, das anders aussieht, als ich es kenne und hoffentlich auch ein bisschen anders und fremd schmeckt. Ich finde: blaue Bohnen, rosafarbenen Blumenkohl, quietschgelben Mangold, violetten Grünkohl, schwarze Tomaten und rote Kartoffeln. Nach einer Woche habe ich seltenes Saatgut für einen knapp dreistelligen Betrag im Warenkorb. Meine Bekannte ist beeindruckt, allein wegen Menge. Das sei ja kein Freizeitgärtnern mehr, das sei fast schon Landwirtschaft. Ich glaube eher, es sind die Nerven.

Was jetzt dran ist

Auch ein schönes Passiv-Garten-Erlebnis: Die BBC-Serie *Gardeners' World* mit dem sehr englischen, sehr lustigen Monty Don. Die Folgen gibt's auf Youtube.

Estragon

an freut sich ja wirklich über jedes Grün, das sich bei diesen Temperaturen schon ans Licht traut. Es müssen nicht mal Schneeglöckchen oder die ersten Blätter der Krokusse sein. Ich find's schon toll, wenn die Monstermalven, deren penetrantes Lila mir ab Mai wieder auf die Nerven gehen wird, noch im Schnee ein paar winzige hellgrüne Blattansätze an ihren holzigen Stielen zeigen. Doch dass der Russische Estragon sich zwischen der immer noch wintertoten Minze blicken lässt, macht mir Sorgen. In ein paar Monaten wird er auch dem Thymian die Luft nehmen und dem Lavendel die Sonne, und ich werde den Tag verfluchen, als ich ihn ins Beet geholt habe.

Ich weiß genau, wann das war. Vor ein paar Jahren, als größere Zusammenkünfte unter freiem Himmel noch üblich waren, trafen sich in einem schönen Dörfchen in der nördlichen Uckermark die Leute aus den umliegenden Orten, um im Schatten einer imposanten Feldsteinkirche Sämlinge, Setzlinge und anderes Pflanzgut zu tauschen. Es gab Kaffee, Kuchen und Würstchen vom Grill, die wahrscheinlich bio waren oder vegan. Man sprach, worüber man so spricht, wenn man neu ist auf dem Land. Das Haus hat ein leckes Dach, die Fenster müssen dringend gemacht werden, und wart ihr auch schon mal bei Lola Randl im »Großen Garten«? Also, wie die das mit den Tomaten macht, fantastisch!

An diesem schönen, etwas zu bullerbühaften Tag schenkte mir eine ältere Dame, die mir sofort auffiel, weil sie sich dem Dresscode der großstadtflüchtigen Berliner widersetzte und weder Gummistiefel noch Wachsjacke trug, ein harmlos wirkendes Pflänzchen mit zarten, nadelförmigen Blättern, dem ich noch am selben Tag einen Ehrenplatz in meinem Kräutergarten gab. Russischer Estragon. Das klang, fand ich, ziemlich gut. Irgendwie hart, und ziemlich verwegen.

Inzwischen weiß ich: Russischer Estragon ist hart und unsentimental, er überlebt jeden noch so kalten Winter und überwuchert binnen weniger Jahre all seine verzärtelten Nachbarn. Leider schmeckt er nicht nach Estragon, sondern nach, mir fällt kein besseres Beispiel ein, Gras.

Viele Pflanzschulen, die den Russischen Estragon in ihren Produktbeschreibungen für seine Widerstandsfähigkeit preisen, behaupten, auch dieses Kraut verfüge über das ätherische Anisaroma, für das allein Französischer Estragon berühmt ist. Meiner Erfahrung nach stellt sich dieser Geschmack aber erst ein, wenn man das 10- bis 20-Fache der im Rezept vorgeschlagenen Menge verwendet. Und servieren Sie Ihren Freunden mal einen Dip mit Salzzitrone und fünf Esslöffeln gehacktem Estragon pro Portion. Sie schauen den Rest des Abends in die gequälten Gesichter von Leuten, die sich fragen, wie sie das Zeug unauffällig wieder aus den Zahnzwischenräumen kriegen.

Denn das ist die traurige Wahrheit: Russischer Estragon hat in der Küche nichts verloren. Dorthin gehört sein französischer Bruder, der viel zartere, viel aromatischere Blätter hat. Wissenschaftler haben herausgefunden, dass die Konzentration von ätherischen Ölen darin mindestens dreimal so hoch ist wie bei der russischen Urform. Und in einer besseren Welt würde man mit diesem Wissen einfach den Russischen durch Französischen Estragon ersetzen, und alles wäre gut. In der Wirklichkeit schafft man sich so aber bloß neue Probleme.

Französischer Estragon verhält sich zum Russischen wie ein verwöhntes rich kid zu einem patenten Bauernbuben. Er stellt maßlose Ansprüche an den Boden, der sehr reichhaltig, aber auch sehr locker sein muss, feucht, aber bitte schön niemals nass. In dem eher mageren Substrat eines gewöhnlichen Kräuterbeetes überlebt er keine Woche. Beim leichtesten Frost ist er auch sofort dahin. Das erklärt, warum Gärtnereien, die ein schnelles Geschäft machen wollen, ihn überhaupt nicht im Angebot haben. Französischer Estragon (Artemisia dracunculus var. sativa) ist was für Nerds.

Im Internet liest man von Leuten, die es geschafft haben, ihn im Beet durch den deutschen Winter zu bringen. Mir ist das noch nie gelungen. Für mich gehört er zu den einjährigen Kräutern. Ich setzte ihn Ende April und bin schon froh, wenn er die Spargelzeit überlebt. Für den Fall, dass man dann wieder Leute einladen darf, habe ich in der Gärtnerei meines Vertrauens schon mal fünf Pflänzchen vorbestellt.

Was jetzt dran ist

Sie suchen nach einem unterhaltsamen Biologiebuch? Hier ist es: Stefano Mancusos »Die unglaubliche Reise der Pflanzen«, eine Hymne auf die Intelligenz der Vegetation!

Kanadische Goldrute

In den vergangenen Jahren konnte man entspannter in den Frühling starten und musste sich nicht fragen, welche Pflanzen wohl den Winter überlebt haben und welche nicht. Meine Artischocken habe ich bereits aufgegeben, die sind für Temperaturen von minus 20 Grad einfach nicht gemacht. Radicchio und Mangold sind auch im Eimer. Und der Rest? Wird man sehen. Aber eine Pflanze wird mit Sicherheit wiederkommen: die Kanadische Goldrute. Dabei handelt es sich um eine wirklich schöne Staude mit leuchtend gelben Blüten, die, wie es in der oft recht gedankenlosen Wortwahl der Naturschützer heißt, im 17. Jahrhundert in Europa »eingeschleppt« wurde. Man weiß nicht genau, wie, man weiß aber, dass sie 1644 zum ersten Mal in England gesehen wurde und 1648 dann auch in Paris auftauchte und sich seither ziemlich ungehindert in ganz Europa ausbreitet. Auch zu mir kam sie ungebeten.

Nachdem ich ein schauriges Tannenensemble, das meinem Haus alles Licht nahm, gerodet hatte, stand sie plötzlich zwischen den Baumstümpfen. Die erste Pflanze, die freiwillig in meinem Garten blühte, ein zarter Hauch von Kultur in der noch ungezähmten Wildnis. Ich habe dann schnell begriffen, dass ich mich über die Anwesenheit ihrer exzentrischen Rispen mit den lässig im Wind wogenden Blütenständen nicht freuen sollte, zumal schon im zweiten Jahr am Grundstücksrand zwischen Felsenbirne und Flieder ein weiterer Tuff auftauchte. Wieder ungebeten natürlich.

Die Goldrute ist das, was Biologen einen invasiven Neophyten nennen. Als Neophyten bezeichnet man alle Pflanzen, die nach der Entdeckung Amerikas zusammen mit Waren und Menschen nach Europa eingewandert sind. Das Attribut invasiv erhalten sie, wenn sie sich mangels natürlicher Fressfeinde so stark vermehren, dass sie die heimische Vegetation verdrängen. Sobald die Kanadische Goldrute auf Brachen, an Wegesrändern oder im Unterholz auftaucht, haben Gewöhnliche Küchenschelle, Wilde Möhre und Kornrade keine Chance mehr. Ich kann deshalb verstehen, dass einige Gemeinden in der Schweiz und in Bayern Programme zu ihrer Bekämpfung aufgelegt haben. Artenschutz schlägt

Schönheit. Ich kann auch verstehen, dass Leute, die versuchen, möglichst naturnah zu gärtnern, sie nicht so gerne im Garten haben. Aber die Feindseligkeit, mit der mein Bekanntenkreis dieser Pflanze begegnet, ist mir trotzdem nicht ganz geheuer.

Erst im vergangenen Herbst hat mal wieder einer stolz berichtet, dass er Tage damit verbracht hat, seine Goldruten noch vor der Blüte (bis zu 20 000 Samen pro Pflanze!) mitsamt ihren nicht sehr tiefen, aber oft sehr langen Wurzeln (bis zu zehn Meter!!) aus dem Boden zu graben und fachgerecht zu entsorgen. Also nicht auf dem Kompost. Gott bewahre, dort könnte sie wieder anwachsen oder sich aussäen. Die Kanadische Goldrute gehört seiner Meinung nach auf die Sondermülldeponie oder gleich ins Feuer.

Ich möchte hier niemanden mit den Assoziationen behelligen, die mir kommen, wenn ich höre, dass eine fremdländische Pflanze wegen ihrer regen Fortpflanzungstätigkeit verbrannt werden soll. Aber ich frage mich schon, ob eine Gesellschaft, die sich viel auf ihre neue diversity zugutehält, ihren pflanz-

lichen Migranten gegenüber ein bisschen gelasse-
ner sein sollte. Meines Wissens steht die Kanadische
Goldrute nicht auf der Schwarzen Liste, auf der die
EU exakt 38 Arten nennt, die gerade dabei sind, das
Artensterben nachhaltig zu befeuern. Man kann sie
noch immer in jedem deutschen Gartencenter kaufen, und sie ist, wen wundert's, nicht besonders
teuer. Weshalb es durchaus sein könnte, dass aus
der Abneigung gegen die Goldrute neben der Sorge
um das biologische Gleichgewicht (das in einem
Garten ja sowieso so eine Sache ist) auch ein gewis-
ser Dünkel spricht.

Wer gegen die Goldruten wettert, zeigt sich als eine
Person, die weiß, wie es um unsere Natur bestellt ist,
und die sich in der Lage sieht, im eigenen Garten
einen Beitrag zum Erhalt der heimischen Schöpfung
zu leisten. Wer sie mit Stumpf und Stiel ausrupft,
zeigt sich als jemand, der über den Allerweltsgarten,
den man sich im Baumarkt zusammenkaufen kann,
erhaben ist.

Im Umkehrschluss heißt das: Weil ich aus sentimen-
talen Gründen bisher an der Goldrute festhalte und

nur ihre Samenstände vor der Reife entferne, damit sie es nicht zu doll treibt, degradiere ich mich sehenden Auges zum ahnungslosen Gartenproll. Und sollte jemand es wagen, mir dergleichen mal ins Gesicht zu sagen, bin ich natürlich zu stolz, um darauf hinzuweisen, dass auch ich fast alles mache, was Naturschützer von woken Gärtnern erwarten. Ich sage nicht, dass ich viel Wildobst pflanze und insektenfreundliche Beete anlege, dass ich nur selten mähe und im Herbst einen Teil des Laubs liegen lasse, damit Kleintiere darin überwintern können. Ich sage: »Im Garten ist keine Pflanze illegal.«

Daraus ergibt sich hoffentlich ein interessantes Gespräch.

Was jetzt dran ist

Im März auf der Fensterbank Süßkartoffeln vortreiben, also Knollen halbieren und mit der Schnittseite nicht zu tief in Erde stecken. Die nächsten Wochen immer gut feucht halten.

Der Pflanzplan

Selbstversorgungsgärtner finden, der Mai sei der härteste Gartenmonat. Es blüht überall, aber man kann, abgesehen von ein paar Radieschen, nichts ernten. Sie sprechen pathetisch vom hunger gap. Ich finde es jetzt schwieriger. Denn ich weiß beim besten Willen nicht, wo ich anfangen soll. Die Beete brauchen Aufmerksamkeit, aber ich würde auch noch gerne ein paar Bäume pflanzen. Außerdem ist der Rasenmäher kaputt. Unser Rasenmäher, vom Vorbesitzer übernommen, ist ständig kaputt. Mein Mann möchte ihn trotzdem noch mal reparieren.

Er hat keinen grünen Daumen, aber ein Herz für Maschinen jeden Alters. Wenn er den alten Rasenmäher nicht wieder flottmachen darf, will er einen Rasentraktor kaufen. Er hat im Kopf schon mal überschlagen, wie viel Zeit uns das spart.

Ich finde, dass jetzt schon zu viele Rasentraktoren auf der Welt sind. In unserem Dorf kommen auf

100 Haushalte bestimmt 90 Rasentraktoren. Wenn die Besitzer samstags damit über ihre Grundstücke rattern, ist es so laut wie in der Einflugschneise eines Flughafens vor Corona. Ein »Aufsitzmäher« ist fürs soziale Prestige wichtiger als das Auto. Wer keinen hat, träumt davon, bald einen zu haben, weshalb es an der lokalen Psychologie völlig vorbeiging, als ich ein paar Nachbarn zur gemeinsamen Anschaffung eines solchen Gerätes überreden wollte.

Das Befremden hätte nicht größer sein können, hätte ich den kollektiven Gebrauch einer Zahnbürste angeregt. Selbst für die Musikerin, die in schönster Dorfrandlage einen wilden Aussteigerhof betreibt, klang eine Traktor-Gemeinschaft zu sehr nach Sozialismus: »Irgendwann ist alles kaputt, und keiner fühlt sich verantwortlich.« Sie bot aber an, ihre Pferde zu schicken, damit die das Gras runterfressen, bis wir das Rasenmäherproblem gelöst haben. Diese Pferde sind meine Rettung.

Weil jetzt bald der halbe Garten als Weideland eingezäunt ist und ich mich auch zum Pflanzen nicht da hintraue, muss ich machen, wovor ich mich seit

Wochen drücke: den Pflanzplan fürs Gemüsebeet neben dem Haus aufstellen. Sonst setze ich noch versehentlich Kopfsalat neben Petersilie und wundere mich, warum das nichts wird.

Für die meisten Gemüsepflanzen empfiehlt sich eine Anbaupause: Wo sie standen, dürfen sie drei bis sechs Jahre danach nicht mehr stehen. Wo sogenannte Starkzehrer wuchsen, die dem Boden viele Nährstoffe entziehen, kommen im Jahr darauf nicht ganz so anspruchsvolle Pflanzen hin und im dritten Jahr dann die Schwachzehrer. Außerdem muss man darauf achten, dass die Pflanzenfamilien sich Jahr für Jahr abwechseln. Auf Erbsen dürfen keine Bohnen (Schmetterlingsblütler), auf Kartoffeln keine Tomaten (Nachtschattengewächse) folgen und so weiter.

Im dritten Schritt überlegt man sich dann, welche Pflanzen sich gegenseitig guttun: Zwiebeln und Möhren sind eine glückliche Verbindung, weil sie sich gegenseitig die Schädlinge vom Leib halten, Knoblauch sorgt dafür, dass Erdbeeren nicht so schnell faulen.

Am besten, man macht sich Kärtchen mit unterschiedlichen Farben, die Nährstoffverbrauch, Pflanzenfamilie und potenzielle Liebhaber verdeutlichen. Die schiebt man so lange hin und her, bis es passt. Dann fällt einem in der Regel noch was ein. Wollte ich es dieses Jahr nicht mal mit Koriander versuchen? Und die Süßkartoffeln, wo sollen die nur hin? Pflanzplan erstellen ist ein bisschen wie Steuererklärung machen. Es nervt entsetzlich, aber man weiß die ganze Zeit: Wenn ich mich nicht komplett blöd anstelle, kriege ich sehr viel zurück.

Was jetzt dran ist

Artischocken auf der Fensterbank ziehen, Beerensträucher pflanzen. Im Erdbeerbeet alle Pflanzen entfernen, die älter sind als drei Jahre.

Was noch zu sagen wäre ...

Schotter

Ich werde gelegentlich gebeten, mich doch mal zu diesen scheußlichen Schottergärten zu äußern. Kein Problem. Schottergärten-scheußlich-Finden ist meine Lieblingsbeschäftigung und die meines Vaters. Wir spazieren regelmäßig durch den westdeutschen Speckgürtel, in dem mein Elternhaus steht, um zu schauen, was die Leute sich jetzt schon wieder einfallen ließen, damit vor ihrer Tür nichts blüht. So kamen wir kürzlich an einem Vorgarten vorbei, in dem einer grauen Kies mit grün schimmernden Glasscherben gemischt hatte. Mein Vater: »Das ist die dritte Fruchtfolge: Die Großeltern hatten noch Blumen, die Eltern haben alles ordentlich eingesät, und wenn die Enkel es besonders schön machen wollen, lassen sie sich Recyclingmaterial vors Fenster kippen.«

Je aufwendiger saniert oder gebaut wurde, je moderner und imposanter das Haus, desto größer ist die Wahrscheinlichkeit, dass es inmitten einer Steinwüste steht. Flache Dächer und bodentiefe Fenster schließen einen üppigen Garten in der Regel aus. Baugeschichtlich ist das total korrekt. In der klassischen Moderne hatte so etwas Irrationales wie ein Garten keinen Platz, er machte bloß Arbeit und Dreck. Schon Haus Horn, das Pilotgebäude des Weimarer Bauhauses, steht auf einem grünen, von breiten Wegen aus Hochofenschlacke durchzogenen Hügel.

Doch ich gebe die Hoffnung nicht auf, dass sich irgendwann herumspricht, dass Minimalismus nach drinnen gehört, der Garten aber den Prinzipien eines saloppen Maximalismus folgen sollte. Ich wünsche mir sehr, dass mich in unseren Wohngegenden einmal die freundliche Unordnung südenglischer Cottage- und Herrenhausgärten empfängt. Aber das wird nicht passieren.

Eigentum verpflichtet niemanden dazu, sich einen Garten anzulegen, der mir gefällt. Umgekehrt bin ich ja auch sehr froh darum, dass mir niemand vorschreiben kann, wie ich meinen Garten gestalten muss. Wer einen Garten hat, hat in der Regel Nachbarn, die eine andere Vorstellung von gelungener

Hortikultur haben. Einer mag japanische Ziergärten, ein anderer französische Symmetrie, manche Leute sammeln Gartenzwerge, mancher auch kaputte Autos. Mein Onkel hat den wunderschönen Garten meines Großvaters vor Jahren planieren lassen. Wo einmal Rosen blühten, befindet sich nun ein winziger Golfplatz mit zwei akkurat gemähten Greens. Das kann man barbarisch finden, ist aber erlaubt.

Die meisten Landesbauordnungen schreiben vor, dass alle nicht überbauten Flächen eines Grundstücks Grünflächen sein müssen, soweit diese Flächen nicht für eine andere zulässige Verwendung benötigt werden. Seit Kurzem gelten Schottergärten in Baden-Württemberg und in einigen bayerischen und nordrhein-westfälischen Kommunen nicht mehr als »zulässige Verwendung«, weil sie Flächen versiegeln und Insekten vertreiben. Die Umweltschützer triumphieren. Ich aber frage mich, ob es nicht effektivere Maßnahmen gäbe, um gegen die Versiegelung von Gartenland vorzugehen. Was ist mit riesigen geteerten Auffahrten, gekachelten Terrassen und diesen Laubenfestungen (auf Betonfundament, natürlich), die in manchen Gärten wachsen wie die Pilze nach dem Regen? Sind die nicht ein größeres Verbrechen an der Natur? Und was heißt im Garten Natur?

Ich halte es jedenfalls nicht für ausgeschlossen, dass wir Gärtner die Schottergärtner so inbrünstig verachten, weil ihre traurigen Artefakte einem sehr plump vor Augen führen, dass jeder Garten eine von Menschen gemachte Anlage ist, die nur so tut, als wäre sie natürlich. Stellt man die Arbeit ein, entsteht dort, wo ein Garten war, je nach Bodenbeschaffenheit eine Steppe oder ein Wald. Da Schottergärten ein ziemlich neues Phänomen sind, weiß man nicht, wie sie sich gegen den Wildwuchs behaupten. Ich vermute, dass die Steine bald Moos und Algen ansetzen und sich interessante Pilzkulturen breitmachen werden. Irgendwann werden aggressive Ahorn- und Malvensamen das Unkrautvlies unter dem Kies durchbohren. Wenn erst der Giersch im Schotterbeet ist, kommen auch Vogelmiere und Löwenzahn. Und dann hat auch der Schottergärtner mit diesen Schlaumeiern zu tun, die sagen: Das ist kein Unkraut, das kann man alles essen.